INDIANEN

UIT NOORD-AMERIKA

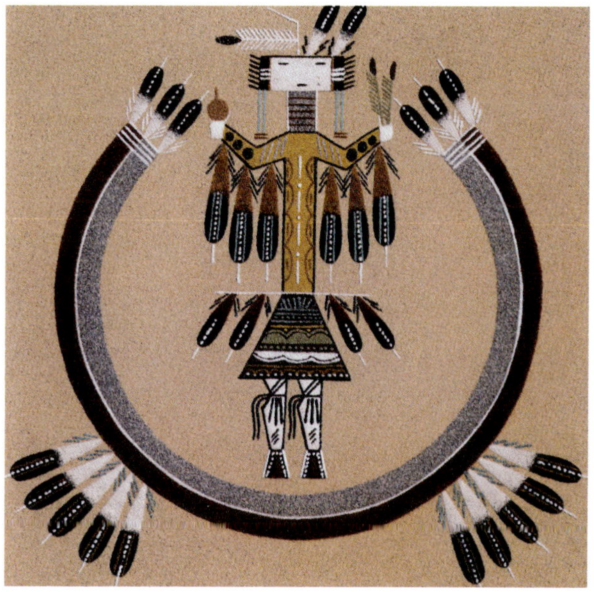

INDIANEN
UIT NOORD-AMERIKA

LEVEN, MYTHEN EN KUNST

LARRY J. ZIMMERMAN

Librero

BLZ. 1: Een Navajozand-schildering met bescherming als thema.

BLZ. 2: Een verweerde totempaal van de volken aan de Noordwestkust staat als stille getuige in Vancouver, British Columbia, Canada

Oorspronkelijke titel: *American Indians: The First Nations*

Postbus 72, 5330 AB Kerkdriel
WWW.LIBRERO.NL

Redactie: Joanne Clay, Christopher Westhorp
Lay-out: Gail Jones, Dan Sturges
Fotoredactie: Cecilia Weston-Baker
Illustraties, decoratieve randen en landkaart: Neil Gower, Clare Thorpe

Productie en zetwerk Nederlandstalige editie:
Textcase, Hilversum
Vertaling: Paulina de Nijs

Druk- en bindwerk: Imago
Printed in Singapore

ISBN 90 5764 577 7

Foto's zonder bijschrift worden op bladzijde 144 omschreven.

INHOUD

BEELD EN VERBEELDING

LINKS Terwijl de 'verder gevorderde' Europeanen het leven op het nieuwe continent aanvankelijk moeilijk vonden, pasten de autochtone Noord-Amerikanen zich prima aan hun omgeving aan en voelden zich een met het landschap. De autochtone bevolking viert deze belangrijke en harmonieuze relatie met de aarde nog steeds tijdens seizoensgebonden bijeenkomsten over het hele continent.

Toen de Europeanen voor het in Noord-Amerika kwamen, ontdekten ze tot hun verbazing dat er al menselijke bewoners waren. Het ging zelfs goed met de autochtone bevolking; het bevolkingsaantal bedroeg zo'n twintig miljoen en de aanwezige culturen waren even divers als die van de rest van de wereld. De namen van veel stammen konden vertaald worden met 'het volk'. Ze waren en zijn geen 'indianen', maar Inhanktonwan, Meskwaki of Tohono O'odham. Oude verhalen vertellen hun wie ze zijn. Hun enorme ervaring en de aanpassing van hun tradities gedurende vele millennia in de zogenaamde Nieuwe Wereld hebben hen geholpen te overleven. De autochtone Noord-Amerikanen zijn dan ook trotse volken van het heden, niet alleen van het *verleden*.

ONDER De bizon speelde een fundamentele rol in het leven van veel autochtone volken als bron van voedsel en huiden, maar ook als een heilig familielid. Deze symbolische voorstelling van groen kwartsiet stamt van de Centrale Laagvlakte. Gelijksoortige heilige objecten worden nog steeds gebruikt tijdens rituelen en ceremoniën ter ere van 'het Bizonvolk', de naam waarmee veel autochtone volken de bizonpopulatie aanduiden.

DE ZIEL VAN DE AUTOCHTONE NOORD-AMERIKANEN

De autochtone Noord-Amerikanen waren zeer raadselachtig voor de eerste Europese kolonisten. Waar kwam deze oorspronkelijke bevolking vandaan? Ze werden niet genoemd in de Bijbel - hadden ze een ziel? Waren ze eigenlijk wel mensen? In 1537 verklaarde de Kerk dat de indianen 'kinderen van God' waren, maar dat kon niet voorkomen dat hun manier van leven werd aangevallen. Toen de contacten toenamen, slonk het bevolkingsaantal door ziekten waarvoor de indianen niet immuun waren. De kolonisten hebben enkele malen geprobeerd de autochtone volken uit te roeien, en er waren pogingen om de rest te assimileren. Hoewel enkele stammen, zoals de Beothuk uit het Canadese kustgebied, daadwerkelijk verdwenen, bleven de meeste voortbestaan. Zij haalden kracht uit hun spirituele tradities en vochten voor het behoud van hun culturen. Zij hebben in het licht van tegenstand en de druk om te veranderen zowel bestendigheid als aanpassingsvermogen getoond.

Het aanpassingsvermogen van deze eerste volken uit Noord-Amerika was al aanwezig voor de komst van de Europeanen. De diversiteit van de autochtone culturen is het resultaat van minstens 12.000 jaar succesvolle aanpassing aan veranderingen in zowel de natuurlijke als sociale omgeving. Er waren autochtone Noord-Amerikaanse stammen die deels een nomadisch leven leidden, terwijl andere in dorpen leefden en naast het verzamelen van voedsel ook tuinbouw bedreven. Sommige culturen waren hoogstaande beschavingen in dichtbevolkte nederzettingen die afhankelijk waren van de landbouw. Sommige volken hadden een animistische religie en egalitaire sociale structuur; andere waren bijna theïstisch en hadden hiërarchische sociale structuren. De stammen die rondtrokken, veranderden de volken met wie ze in contact kwamen, terwijl ze tegelijkertijd hun eigen culturen aanpasten om enkele tradities van hun buren over te kunnen nemen.

RECHTS Dansers bij een powwow in Chehaw Park, Albany, Georgia. Grote, seculiere tribale of intertribale bijeenkomsten, powwows genoemd, zijn een belangrijke gelegenheid om indiaanse tradities van de ene generatie op de andere over te dragen.

Wat al deze stammen inspireert en verenigt is een beeld van de wereld als een plaats van sacraal mysterie. Hun relatie met de wereld is geworteld in respect voor het land. Moeder Aarde en Vader Hemel voorzien, maar dagen ook uit. De mensen staan niet boven de schepping, maar moeten een respectvolle, evenwichtige relatie creëren met de wereld om hen heen. De echte ziel van de autochtone Noord-Amerikanen ligt in deze ideeën, die krachtig genoeg zijn gebleven om ervoor te zorgen dat hun culturen in de moderne wereld hebben weten te overleven.

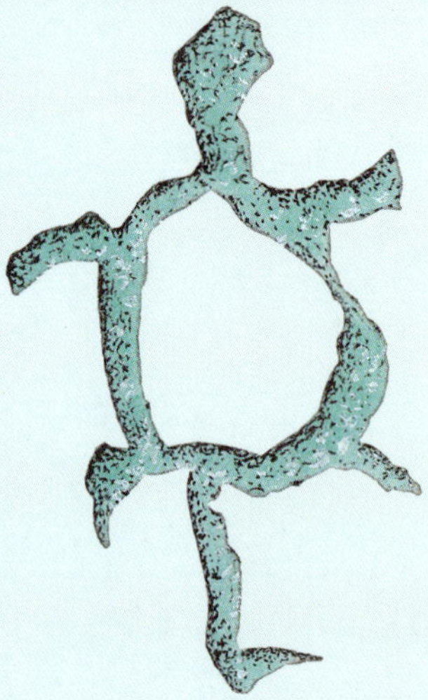

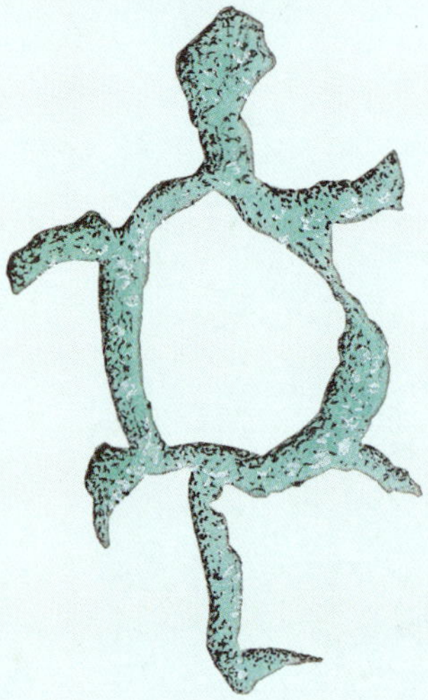

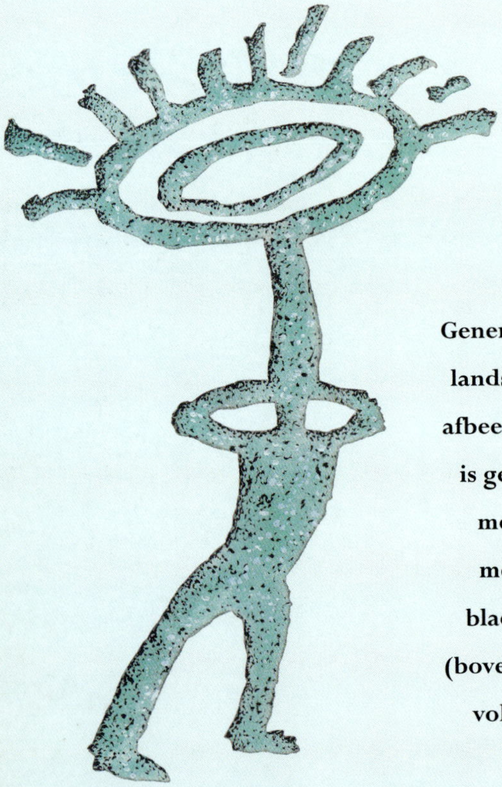

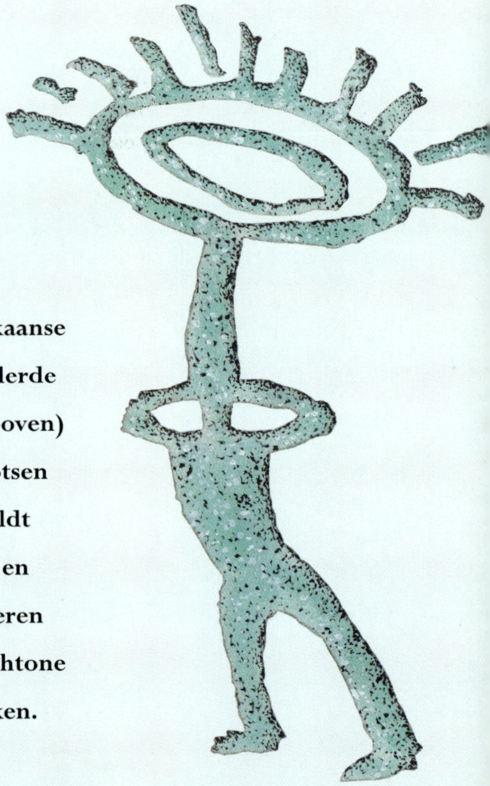

DE STENEN DIE LEREN

Generaties lang hebben mensen een teken achtergelaten in het Noord-Amerikaanse landschap in de vorm van duizenden gerangschikte keien, op rotsen geschilderde afbeeldingen en in rotswanden gebeitelde petrogliefen. Deze reeks figuren (boven) is gemaakt door de Anasazi-indianen en is te zien in het Navajoreservaat. Rotsen met ongebruikelijke vormen of kleuren werden vereerd. De rotskunst beeldt meestal sacrale voorstellingen uit, zoals mensachtige wezens (links, rechts en bladzijde 11), of gestileerde verschijnselen uit het dagelijkse leven, zoals dieren (boven, links en rechts). Veel van deze plekken worden nog steeds door autochtone volken gebruikt om er hun spirituele verbinding met de aarde uit te drukken.

OVER DE AUTOCHTONE NOORD-AMERIKANEN

Veel indiaanse heilige mannen en stamoudsten zeggen dat Noord-Amerika al sinds het begin der tijden door mensen werd bewoond. De eerste Europeanen die hier aankwamen, waren er echter van overtuigd dat de indianen van elders kwamen. Maar waar? Onder invloed van hun eigen religie dachten de Europeanen dat de indianen afstammelingen waren van de verloren stammen van Israël. Toen de archeologie zich vanaf de jaren tachtig van de negentiende eeuw ontwikkelde, kwamen wetenschappers echter met minder spectaculaire theorieën, die echter steeds weer moesten worden bijgesteld wanneer nieuwe feiten aan het licht kwamen. Het gevolg is dat veel indianen de archeologische analyse geheel afwijzen.

LINKS Young Omaha, War Eagle, Little Missouri en Pawnees in 1821 geschilderd door Charles Bird King (1785-1862). Hij is het bekendst vanwege zijn portretten van autochtone Amerikaanse hoogwaardigheidsbekleders die naar Washington D.C. reisden om te praten met de Amerikaanse leiders. Kings schilderijen werden gepubliceerd in History of the Indian Tribes of North America between 1836 and 1844 door Thomas L. McKenney (1785-1859).

Tegen 1926 meenden archeologen het bewijs te hebben gevonden voor de aanwezigheid van indianen in Noord-Amerika gedurende de IJstijd. Dit bestond uit stenen speerpunten bedoeld om bizons en mammoeten te doden. Men dacht dat de jagers de kudden waren gevolgd vanuit Noordoost-Azië via Beringia, een landbrug tussen Siberië en Alaska. Ze drongen tot het zuiden door en bezetten zo'n 10.000 jaar geleden elk deel van het noordelijk halfrond. Er waren regelmatige immigratiegolven, zelfs nadat het ijs gesmolten was en de zee de landbrug weer had opgeëist. De meest recente golf bestaat uit zeevarende Aziatische poolbewoners, de voorouders van de inuit. Zij vestigden zich zo'n 4500 jaar geleden aan de noordelijke kusten van Alaska en Canada. In de jaren zestig van de twintigste eeuw was er voldoende bewijs dat mensen ook per boot vanuit Siberië naar de kustgebieden van de Stille Zuidzee kwamen. Er wordt zelfs gesuggereerd dat ze rond deze kustgebieden en het ijs van de noordelijke Atlantische Oceaan zijn gevaren.

CULTUURGEBIEDEN VAN AUTOCHTOON NOORD-AMERIKA

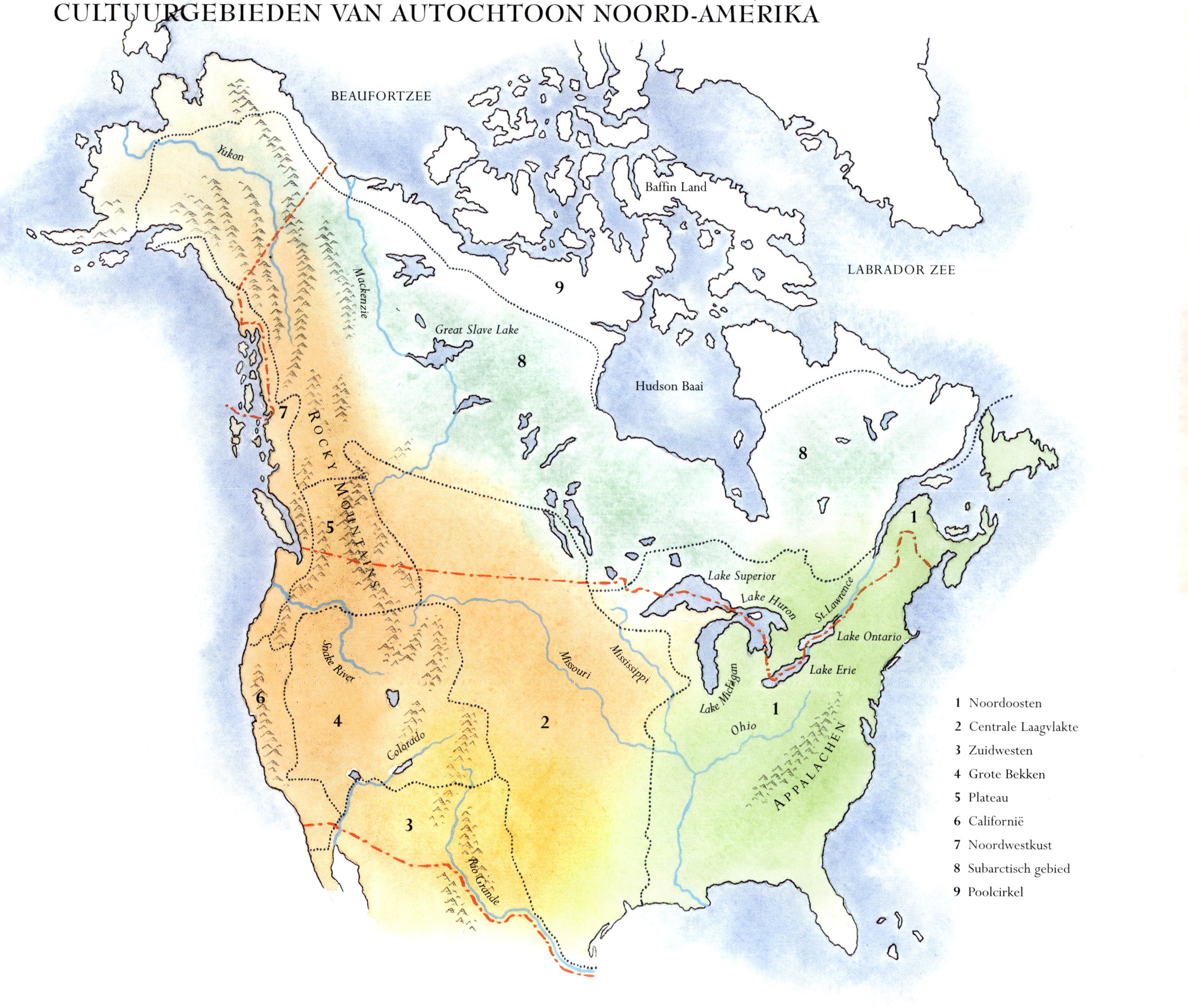

Hoe ze het continent ook hebben bereikt, de autochtone Noord-Amerikanen vestigden zich hier 10.000 jaar geleden. Toen hun aantal groeide, begonnen mensen zich te vestigen in het stroomgebied van rivieren, waar ze leefden van jagen en verzamelen. In moeilijke gebieden hield de bevolking vast aan deze leefwijze, tot de komst van de Europeanen. Op andere plaatsen pasten de autochtone volken zich aan de omgeving aan door het kweken van planten, zoals maïs, bonen en pompoenen - de zogenaamde Drie Gezusters (zie bladzijde 108). Toen men van deze gewassen voorraden aan kon leggen, kregen sommigen de tijd om zich te specialiseren in religie en bestuursfuncties. Rond de eerste eeuw n.Chr. werden materialen zoals steen (voor gereedschappen) en schelpen (voor decoraties) naar gebieden ten oosten van de Rocky Mountains vervoerd. De autochtone stammen ontwikkelden complexere geloofssystemen en talen. Rond 800 n.Chr. hadden zich steden ontwikkeld die gebaseerd waren op een sociale hiërarchie, waarin een stamhoofd de leiding had.

Dat de indianen zich duizenden jaren lang met succes aan de natuurlijke omgeving wisten aan te passen, wordt weerspiegeld in het concept van de cultuurgebieden, een schema dat voor het eerst werd ontwikkeld door antropologen uit de jaren dertig. Het wordt nog steeds gebruikt door iedereen die zich bezighoudt met de autochtone Noord-Amerikanen (zie kaart bladzijde 13). Het idee van cultuurgebieden stamt af van het idee dat indiaanse culturen de omgeving weerspiegelen waarin een volk leeft. De gebieden omvatten doorgaans het Noord- en Zuidoosten, de Centrale Laagvlakte, de Poolcirkel, het Subarctisch gebied, de Noordwestkust, het Plateau, het Grote Bekken, het Zuidwesten en Californië. Elk gebied heeft andere patronen van voedselproductie, sociale organisatie, religie en materiële cultuur.

LINKS Nadat ze vanuit Siberië Beringia waren overgestoken, doorkruisten veel autochtone volken Alaska en migreerden uiteindelijk naar het zuiden. Sommige stammen bleven echter in Alaska en bezetten dit ijzige landschap. De meeste mensen leefden van de jacht, de visserij en het verzamelen van voedsel.

Dit zou echter allemaal verstoord worden nadat Columbus in 1492 beide Amerika's 'ontdekte'. Door de oprukkende Europese nederzettingen werden autochtone stammen gebieden van andere indiaanse volken in gedreven, wat leidde tot intertribaal contact en conflicten. Het gevolg was dat de patronen van de cultuurgebieden begonnen af te brokkelen. Weggestopt in reservaten kregen de autochtone Noord-Amerikanen te maken met verbroken verdragen, 'missiewerk' van christelijke bekeerlingen, onderdrukking van de eigen religie, landzwendel en een voortdurende aanval op hun cultuur die voortduurde tot in de jaren zeventig van de twintigste eeuw. Rond 1890 waren de meeste Noord-Amerikanen ervan overtuigd dat de indianen zouden uitsterven of hun identiteit zouden verliezen. Maar ondanks alles overleefden de autochtone volken. De economische en wettelijke structuren zijn inmiddels veranderd en sinds kort is er een opleving van autochtone tradities.

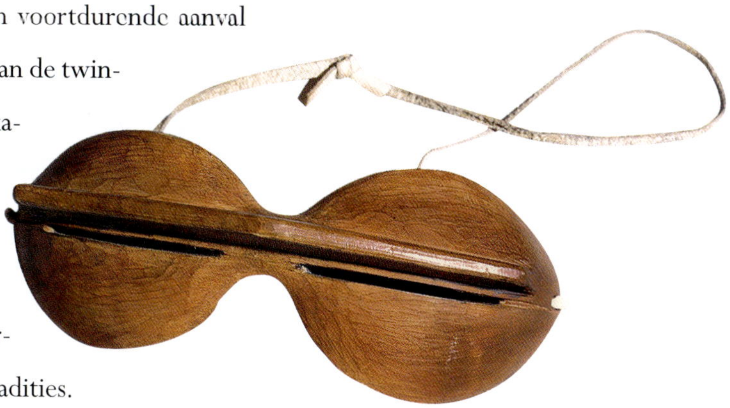

ONDER De inuit maakten sneeuwbrillen, zoals dit oude exemplaar, om zichzelf te beschermen tegen sneeuwblindheid, die werd veroorzaakt door de straling van de zon op het ijs in het bevroren noorden. Dit was het eerste gebied op het continent waar mensen kwamen.

KUNST VAN DE AUTOCHTONE NOORD-AMERIKANEN

De vroegste door mensenhanden vervaardigde voorwerpen die in beide Amerika's zijn gevonden, zijn stenen gereedschappen, waaronder veel speer- en lanspunten die tot doel hadden de dieren van de IJstijd te doden. De gereedschappen zijn gemaakt van stenen die werden uitgezocht op hun sterkte en schoonheid. Net als deze eerste gereedschappen weerspiegelt veel van de autochtone Noord-Amerikaanse kunst elementen uit de omgeving waarin de volken leven. Animistische geesten worden gecombineerd met fysieke objecten, waarbij zelfs de geest van de steen in overweging wordt genomen. Kunst is een essentieel onderdeel van alledaagse voorwerpen.

Materialen bepaalden vaak de vormgeving van een object, maar de inhoud weerspiegelde doorgaans het spirituele gedachtegoed. Volken van de Centrale Laagvlakte werkten met de afgeplatte stekels van het stekelvarken en later met de als ruilmiddel gebruikte glazen kralen. In het Zuidwesten, het Grote Bekken en Californië werden zo prachtige manden vervaardigd. Er werd ook met verf, hout en keramiek gewerkt, maar ook hierbij bestonden de artistieke motieven uit belangrijke aspecten uit het dagelijkse leven. De volken van de Noordwestkust maakten clantotems door ze uit hout te snijden en te beschilderen (zie bladzijde 18-19), terwijl de stammen uit het Noord- en Zuidoosten aardewerk met menselijke en dierlijke vormen verfraaiden.

Uitvoerende kunsten, zoals muziek, dans en verhalen, beeldden eveneens de omgeving, het dagelijkse leven en het wereldbeeld van de indianen uit. Ze brachten kennis over, stemden de geesten gunstig en waren een middel van creatieve expressie.

Contemporaine autochtone Noord-Amerikaanse kunstenaars zetten de artistieke tradities voort. Soms blazen ze bijna verdwenen ambachten nieuw leven in terwijl ze tegelijk experimenteren met moderne materialen en thema's. De indiaanse schilder- en beeldhouwkunst maken sinds de jaren veertig van de twintigste eeuw weer een

RECHTS In het Zuidwesten worden voor het maken van manden traditioneel verschillende wortels en grassen gebruikt vanwege de contrasterende kleuren in de natuurlijke vezels, zodat gekleurde patronen ontstaan. Het maken van manden is een ambacht dat hoofdzakelijk door vrouwen wordt uitgevoerd.

bloeiperiode door en autochtone dans- en theatergroepen, meestal intertribaal, reizen de wereld rond. Muziek van indiaanse artiesten heeft haar weg gevonden in de muziekcultuur. De autochtone Noord-Amerikaanse literatuur zet de traditie van het verhalen vertellen voort. Ze bevatten traditionele en nieuwe thema's, sommige met een boze ondertoon, sommige vergevingsgezind, maar alle onderzoeken wat het betekent om indiaan te zijn.

DE TOTEMGEESTEN

De volken van de Noordwestkust eerden de totemdieren van hun clans door hen als familiewapen op te nemen in kunstuitingen als houtsnijwerk, weefkunst en schilderkunst. De voorstellingen en de wezens die ze voorstelden, werden niet vereerd, maar ze markeerden de geschiedenis en kracht van een familie, waardoor ze de clan verbonden met het tijdperk van de mythe. De kunst van de Noordwestkust ziet er fantastisch uit en is uitgevoerd in krachtige kleurcombinaties, zoals rood, oranje en zwart. Dieren vormen het belangrijkste onderwerp maar soms worden ook botanische of hemelse thema's gebruikt. De meeste kunst is representatief en niet realistisch, waarbij de typische karaktertrekken van de dieren op gestileerde wijze worden getoond. Het visuele veld is doorgaans helemaal gevuld, met weinig open vlakken, wat volgens sommige geleerden duidt op een hiërarchisch gestructureerde gemeenschap.

Dit traditionele ontwerp werd geschilderd op de voorkant van een groot huis van cederhouten planken, bekend als een 'groot huis'. Elk van deze huizen was groot genoeg om onderdak te bieden aan diverse gezinnen en hun bezittingen. Er was werkruimte en plaats voor bezoekers tijdens een rituele ceremonie, feest of *potlatchfeest*. In de schildering zijn meerdere vogels te zien, zoals het dominante exemplaar bovenin, met zijn kop, snavel, vleugel en klauwen. In de hoeken linksonder en rechtsboven zijn kleinere vogels afgebeeld. Buitenstaanders vinden het vaak moeilijk om het verschil te zien tussen adelaars, dondervogels en raven. Dit is echter geen probleem voor de lokale bevolking, die door de naam van de clan en diens reputatie weet welke dierlijke totemgeesten zijn voorgesteld in dergelijke ontwerpen.

HET VERLEDEN WEER OPEISEN

Toen de autochtone Noord-Amerikanen werden geconfronteerd met de Europese en Amerikaanse aanvallen waren ze zo overdonderd dat hun enige manier om te overleven lag in het vasthouden aan hun identiteit. Sommige volken werden gedwongen het recht op hun thuisland op te geven en andere werden verplaatst naar voor hen onbekend terrein (zie bladzijde 44-45). Er vielen talloze doden door ziekten, oorlogvoering en een slechte behandeling. Indianen werden het slachtoffer van wetenschappelijke nieuwsgierigheid; beenderen die werden gevonden op slagvelden en begraafplaatsen werden verzameld voor onderzoek.

Wanneer de oorspronkelijke bevolking zich niet onderwierp aan de assimilatieregels, werden ze voor de meeste niet-indianen simpelweg 'onzichtbaar'. De situatie werd iets beter in de jaren dertig van de twintigste eeuw, toen steeds meer autochtone Noord-Amerikanen posities kregen in het ambtenarenapparaat van de Verenigde Staten om indiaanse belangen te behartigen. De Civil Rights Movement van de late jaren zestig bracht de indiaanse problemen onder de aandacht. Pogingen om land terug te winnen of compensatie te krijgen voor geschonden verdragen hebben sindsdien hun weg naar de rechtszaal gevonden. De Lakota-, Nakota- en Dakota-indianen (Sioux) proberen nog steeds hun heilige grondgebied Paha Sapa (de Zwarte Heuvels) terug te winnen. In 1990 zag de Native American Graves Protection and Repatriation Act het licht, die eist dat stoffelijke resten, grafgiften en sacrale objecten in handen van landelijke instituten worden teruggegeven aan de rechtmatige stammen.

Gelijksoortigen twisten over land en culturele rechten worden uitgevochten in Canada. In 1999 werd het door de inuit bestuurde gebied Nunavut ('Ons land') gesticht. In zowel de Verenigde Staten als Canada vechten de Eerste Volken ook hard om hun snel verdwijnende talen te redden. Ze doen dit door tribale scholen op te richten waar de oorspronkelijke taal en cultuur worden onderwezen.

RECHTS Een jonge man uit het Rocky Boy's Chippewa-Cree Reservaat, Montana, op een tribale powwow. Hier worden traditionele liederen en dansen opgevoerd. Ze drukken niet alleen het overleven van de Noord-Amerikaanse cultuur uit, maar tonen ook de trotse heropleving onder nieuwere generaties.

HET HEDEN OPEISEN

Hoewel het weer opeisen van het verleden belangrijk is geworden voor veel autochtone Noord-Amerikanen, concentreren stammen zich nu ook op het oplossen van de dagelijkse problemen. Economische malaise is een belangrijke kwestie: veel reservaten in de Verenigde Staten en Canada werden in afgelegen gebieden ondergebracht en vele hebben nauwelijks bronnen van bestaan. Sommige hebben wel uitstekende natuurlijke bronnen, zoals hout en delfstoffen, maar deze zijn óf onderontwikkeld óf niet direct in handen van de autochtone bevolking. In beide landen zijn de soevereiniteit en de in verdragen vastgelegde rechten bron van vele discussies.

LINKS Deze handafdrukken zijn geschilderd op de muur van een modern gebouw in het Lakotareservaat in Pine Ridge, South Dakota; ze zijn een poging het verleden met het heden te verbinden en doen denken aan voorstellingen die in de negentiende eeuw op tipi's werden geschilderd.

Veel van het activisme van de jaren zeventig en later was gericht op zelfbeschikking in het dagelijkse leven en niet alleen op het opeisen van identiteit en erfgoed. Tijdens de energiecrisis van de vroege jaren zeventig leverden de delfstoffen in sommige reservaten banen en kapitaal op. De belangrijkste economische vooruitgang in die tijd was de bouw van enkele casino's door een aantal stammen, wat was toegestaan onder de Indian Gaming Regulatory Act van 1978. Tegen 2000 hadden iets meer dan honderd van de erkende vijfhonderd stammen goedlopende casino's. Het verdelen van de winst uit deze inkomsten heeft stammen eindelijk een fatsoenlijke levensstandaard bezorgd. De Meskwaki- en Ojibwaj-indianen hebben de opbrengsten gebruikt om tribale grondgebieden terug te kopen en enkele van deze aankopen zijn weer voor traditionele doelen ingezet, zoals het behoud van de wilde rijst. Organisaties als de Great Lakes Indian Fish and Wildlife Commission werken aan het behoud van natuurlijke bronnen en aan openbaar onderwijs over de verdragsrechten en indiaanse ecologie.

BOVEN Door de productie en verkoop van handgemaakte, op de traditie geïnspireerde voorwerpen konden sommige indiaanse stammen hun autochtone kunstzinnige ambachten behouden en voorzien in een inkomstenbron. Hier zien we zilveren dondervogeloorbellen met turkooizen inlegwerk en kralen.

In zowel de Verenigde Staten als Canada zijn tribale onderwijsprogramma's zeer succesvol. Een toenemend aantal mensen van indiaanse afkomst komt terecht in de hogere beroepsgroepen en in de wetenschap, zodat gezondheidszorg en rechten toegepast kunnen worden in overeenstemming met de traditionele waarden. Rechtszaken met betrekking tot religieuze vrijheid komen regelmatig voor. Vooral de bescherming van sacraal gebied in het geval van projectontwikkeling vereist voortdurende waakzaamheid.

Het zou naïef zijn om te zeggen dat de Eerste Volken van de Verenigde Staten en Canada alle gevechten zullen winnen, maar de toekomst ziet er sinds lange tijd weer positief uit. Deze strijd om culturele autonomie is een van de sleutels tot het begrip van wat het betekent om autochtone Noord-Amerikaan te zijn.

VERBINDING MET HET HEILIGE

LINKS **Tse Bit'ai, beter bekend als Shiprock Peak, New Mexico, is heilig voor de Navajo-indianen. De indiaanse naam betekent 'gevleugelde rots'. In een van de vele verhalen over hoe Shiprock Peak ontstond vertellen de Navajo's hoe de rots eens een enorme vogel was die de mensen in veiligheid bracht wanneer vijanden hen dreigden aan te vallen. De vogel liet zich toen weer opnemen door de woestijn en veranderde in steen.**

Shawnee-opperhoofd Tecumseh verklaarde eens: 'De aarde is mijn moeder en op haar boezem zal ik rusten.' Dit drukt het geloof van de meeste autochtone Noord-Amerikaanse culturen uit. Moeder Aarde neemt vele vormen aan. Ze voorziet in alles om te leven en meer: zij is de voedster. Zij is een punt van oorsprong en een punt van voltooiing. De Ojibwaj zeggen: 'De vrouw is voor altijd, voor eeuwig: de man komt voort uit de vrouw en naar de vrouw zal hij terugkeren.' In de aarde rusten de beenderen van de voorouders. Het landschap herinnert de mensen aan Moeder Aarde en hun identiteit weerspiegelt haar eigenschappen. Moeder Aarde is zowel het alledaagse als het heilige; zij moet gekoesterd en gerespecteerd worden.

ONDER **Een schildering op bizonhuid laat zien hoe de Kiowa-indianen hun Zonnedanshut oprichten. Door de jaarlijkse Zonnedans kunnen vele volken van de Centrale Laagvlakte hun geloof in de hemelgeesten die de wereld leiden hernieuwen. Eens werd gedacht dat de Zonnedans voldoende bizons voor het komende jaar zou garanderen.**

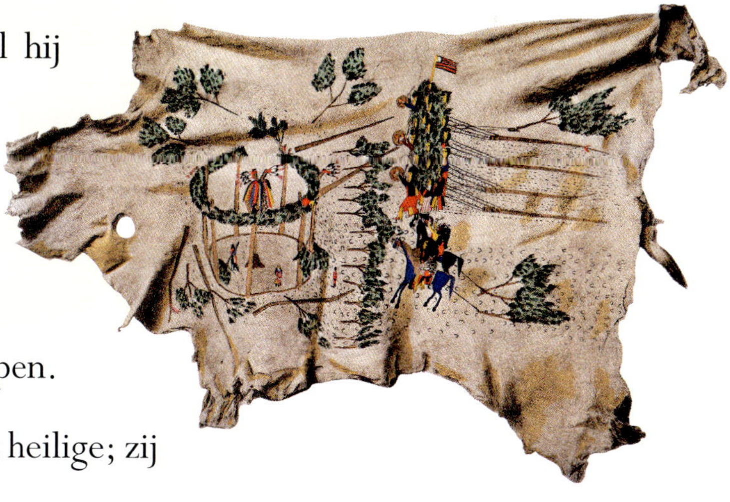

PLAATSEN VAN WIJSHEID

Volgens de Cibecue-Apachen 'bevindt wijsheid zich op plaatsen'. Veel indianenstammen geloven dat zij onlosmakelijk verbonden zijn met het landschap, dat zij een ruimtelijk concept van geschiedenis delen waarin de tijdelijke elementen van ondergeschikt belang zijn aan 'het belang van het hier'. Of het nu gaat om de kennis van sacrale geschiedenis, het in staat zijn natuurlijke bronnen te vinden of een diepgaand begrip te hebben voor iemands plaats in het grotere geheel, de wijsheid die besloten ligt in belangrijke plekken vormt de basis van het indiaanse wereldbeeld.

LINKS **Bear Butte, South Dakota, is een heilige plek voor veel indianenstammen, in het bijzonder de Kiowa-indianen, de Cheyenne en de Lakota-Sioux, die hier komen om visioenen te zoeken. Herinneringen aan gebeden die tijdens zweethutrituelen zijn gemaakt, worden vaak aan de bomen bevestigd. Rode lappen staan voor een offer aan de zon, groene aan de aarde en blauwe aan de hemel.**

Sommige nomadische stammen, zoals de Dogrib uit het noordwesten van Canada, gebruiken het hele jaar door de vele sporen die het landschap hun biedt (zie bladzijde 54-55). Duizenden plaatsen hebben een uniek verhaal dat aanwijzingen biedt voor navigatie door het gebied. De namen van plaatsen van wijsheid verwijzen vaak naar de belangrijkste bronnen die er gevonden kunnen worden. Zo is Blood Rock bekend als de geboorteplaats van Yamosh, een held uit de Dogribcultuur, maar het is ook de plek waar de leden van de Dogrib een rode steensoort delven die wordt gebruikt voor het maken van gereedschappen waarmee dieren gedood kunnen worden. Dit maakt de locatie van essentieel belang voor het overleven van de stam.

Locaties kunnen belangrijk worden vanwege hun ongebruikelijke uiterlijk, zoals de schedelvormige Blood Rock, of vanwege een rampzalige gebeurtenis, zoals een aardbeving. Plaatsen op grotere hoogte bevinden zich dichter bij de hemel en men denkt daarom dat sommige geesten daar makkelijker bereikbaar zijn. De Acumawi-indianen zeggen dat een bron op de berg Shasta in Noord-Californië de tranen van alle herten bevat, zodat de herten niet huilen als ze worden gedood door jagers. Sommige plaatsen zijn nauw verweven met de orale traditie en tribale mythen omdat de 'geschiedenis', en dus het 'karakter' van de stam, daar haar oorsprong zou hebben. Wind Cave in de zuidelijke Zwarte Heuvels is de plek waar de spin Iktomi de Lakota-Sioux misleidde, zodat zij uit de aarde naar boven kwamen. Bear Butte (zie afbeelding bladzijde 26) aan de rand van de noordelijke Zwarte Heuvels is de plaats waar de Cheyenneheld Zoete Medicijn de vier heilige pijlen ontving die zegeningen brachten over zijn mensen.

Plaatsen van wijsheid dienen veel doelen: op sommige voeren heilige figuren hun rituelen uit terwijl andere er een visioen zoeken (zie bladzijde 118-119). Plaatsen van wijsheid variëren van vorm en het ermee gepaard gaande geloof. Het enige, overkoepelende thema dat hen verenigt, is dat ze het volk voorzien van zijn identiteit.

DE *TIPI* VAN DE GEEST VAN DE BEER

De mysterieuze rotsformatie van Devil's Tower in Wyoming is bekend bij meer dan twintig autochtone stammen. Mato Tipila ('*tipi* van de beer' in het Lakota) zou het hol zijn van een grote grizzlybeer. In sommige verhalen jaagt de beer op zeven zussen, waarbij de rots de hoogte in groeide om hen allemaal in veiligheid te kunnen brengen, buiten het bereik van de beer. Gefrustreerd probeerde de beer de rots te beklimmen - de markeringen aan de zijkanten van de rots zouden

afkomstig zijn van zijn klauwen - maar de zussen ontsnapten aan hem en werden later de zeven sterren van de Plejaden. Cheyenneverhalen zeggen dat de rots staat op de plek waar hun cultuurheld Zoete Medicijn tijdens zijn sterven een visioen had. In dat visioen werden het verdwijnen van de bizon, de komst van het paard en de impact van de blanken voorspeld. Lokale stammen voeren nog steeds rituelen, zoals zweethutceremoniën, visioenzoektochten en Zonnedansen, bij Mato Tipila uit. In het verleden werd er ook mensen begraven.

MOEDER AARDE BESCHERMEN

Indianen werden vroeger gestereotypeerd als 'dicht bij de natuur' staand, of als 'edele wilden'. In de afgelopen jaren hebben ze de naam 'eerste ecologen' gekregen. De bescherming van het land is vast onderdeel van het dagelijkse leven en velen zien het als een oneindige verantwoordelijkheid. Indianen zijn in feite ecologen in de ware zin van het woord; ze kennen de cycli van de natuur en begrijpen haar verdraagzaamheid; ze zien zichzelf als onderdeel van het land en voelen zich niet meer dan de andere wezens die er leven. Voor autochtone Amerikanen is ecologie een kwestie van balans en respect.

De indianen moesten nauwlettend in de gaten houden of het land in hun onderhoud kon voorzien. Ze beseften dat ze, vooral in gebieden met beperkte bronnen, hun eigen bevolkingsaantal laag moesten houden. Dat bedroeg doorgaans tien procent van het aantal dat het land van voedsel kon voorzien. De jagers van de Mistassini-Cree hielden bij hoeveel dieren ze doodden zodat ze er niet te veel zouden doden. Zodra ze meenden dat het aantal dieren terugliep, verhuisden ze naar jachtterreinen die al lange tijd niet gebruikt waren. Op gelijksoortige wijze wisten de landbouwstammen, zoals de Mandan- en Hidatsa-indianen, dat het land maar een paar seizoenen oogst kon leveren en daarna een jaar braak moest liggen. Omdat adelaarsveren een belangrijk onderdeel vormden van rituelen, beschermden veel stammen deze heilige en zeldzame dieren. Er werden speciale hutten gebouwd voor het vangen van adelaars, maar na het plukken van een aantal veren werden de dieren snel weer vrijgelaten.

Deze harmonie tussen mens en natuur veranderde drastisch toen de Europeanen zich in Noord-Amerika vestigden: eind negentiende eeuw was de bizon bijna uitgeroeid, tribale grondgebieden waren ontdaan van hun bossen en water was vervuild. Veel indianen hebben hun stem laten horen tegen deze ontheiligingen en zijn bevlogen woordvoerders geworden voor een reeks hedendaagse milieukwesties.

RECHTS Dit masker werd gemaakt door de Yupikindianen, afkomstig van de benedenloop van de Yukon. Het vertegenwoordigt de qacullut of wolfsvis met zijn vele tanden. Dierenmaskers werden vaak tijdens rituele dansen gedragen door autochtone Noord-Amerikaanse jagers. Ze deden dit om de geest van een dier gunstig te stemmen voor ze erop gingen jagen. Deze tekenen van respect waren een essentieel onderdeel van hun relatie met de omgeving en haar levensvormen.

HEUVELS EN BEELTENISSEN

De ontelbare heuvels en bergen van Moeder Aarde reiken naar de hemel en markeren belangrijke plaatsen waar indianen naartoe kunnen om zowel de aarde als de hemel aan te raken. In Noord-Amerika behoren de heuvels die vanaf circa 1000 v.Chr. ten oosten van de Rocky Mountains door de indianen werden aangelegd, tot de vroegste voorbeelden hiervan. Deze heuvels werden gebruikt om doden in te begraven, om het territorium van een clan te markeren en als platform voor tempels. Later kwamen ze overal in het Noord- en Zuidoosten en op de Centrale Laagvlakte voor. Tegen de tijd dat ze in de negentiende eeuw onderzocht werden, waren veel heuvels al verwoest, al bestonden er in 1890 nog ongeveer tienduizend.

LINKS Pijp met beeltenis van de Hopewellcultuur (ca. 300 v.Chr.-500 n.Chr.). Objecten als deze werden samen met een overledene begraven en zijn herhaaldelijk opgegraven in de grafheuvels. Vaak werden kikkers of padden uitgebeeld, waarschijnlijk vanwege symbolische associaties met metamorfose en het opkomen uit water.

Grafheuvels zijn doorgaans conisch of lineair. Conische heuvels zijn kegelvormig en lineaire heuvels zijn lang en smal. Grafheuvels variëren in formaat: hun doorsnede en lengte lopen uiteen van enkele meters tot circa dertig meter; hun hoogte varieert van één meter tot meer dan tien meter. Deze heuvels bevatten vaak de stoffelijke resten van meer dan één persoon, soms diverse leden van dezelfde clan die op verschillende momenten in de heuvel zijn bijgezet. In sommige gevallen ontstonden de heuvels over een langere periode door de toevoeging van meer lichamen en manden met aarde. Normaal

RECHTS **De Heuvel van de Grote Slang in Ohio schijnt tussen 800 en 1500 te zijn gebouwd door de Adena-, Hopewell- of latere Fort Ancientculturen. De aarden beeltenis is 1,2 meter hoog, 6 meter breed en meer dan 381 meter lang. Bij zijn geopende bek wordt een ovale heuvel, een 'ei', ingeslikt, misschien om een zonsverduistering te symboliseren. In het Noord- en Zuidoosten werden slangen met de onderwereld geassocieerd.**

gesproken werd een overledene in uitgestrekte of foetushouding begraven. Soms werd een lichaam eerst op een verhoging gelegd in de openlucht; wanneer de beenderen op de grond waren gevallen, werden deze opgeraapt, bij elkaar gebonden en begraven in de heuvel.

Geometrische en beeltenisheuvels waren belangrijke variaties op het thema. In sommige gevallen werden grafheuvels vergezeld van grote afscheidingen met meerdere aarden richels in ronde, achthoekige of vierkante vormen. Beeltenisheuvels werden voornamelijk gebouwd tussen 650 en 1100 en bevatten geen graven. Gezien hun locaties op heuvelruggen lijkt het erop dat ze de gebiedsgrenzen van een clan markeerden. Deze heuvels zijn doorgaans een meter hoog en hebben de vorm van dieren, zoals beren, vogels of panters. De meeste bewaard gebleven beeltenisheuvels zijn te vinden in het stroomgebied van de Mississippi, daar waar Iowa, Minnesota, Illinois en Wisconsin samenkomen. Op een terras boven Brush Creek in Adams County, Ohio, kronkelt een spectaculaire slangvormige heuvel bekend als de Heuvel van de Grote Slang (zie afbeelding boven) over een steile klif.

Tegen 1200 begonnen sommige stammen heuvelplatforms aan te leggen, waarvan de meeste te vinden zijn in de cultuurgebieden langs de Mississippi. Deze heuvels waren afgevlakte aarden piramiden bekroond met een tempel. Heuvelplatforms waren plekken voor belangrijke rituelen die de wereld en de sociale orde hielpen behouden.

DE HEMELKOEPEL

De autochtone Noord-Amerikanen zijn zich ook voortdurend bewust van de hemel boven hun hoofd. Uit de hemel komen de weersomstandigheden - levenschenkende regen, sneeuw, donder en de winden van elk seizoen. Interactie met het firmament is onoverkomelijk en het is belangrijk aandacht te besteden aan de vele boodschappen die het uitzendt. Door naar de hemel te kijken weten de indianen of er slecht weer op komst is en zullen ze voorzorgsmaatregelen treffen. Maar het bovennatuurlijke is nooit ver weg. De Koyukonindianen beschouwen onweer bijvoorbeeld als transformaties van een menselijke geest uit het verleden. Stormen zouden bewustzijn bezitten en kunnen daarom beïnvloed worden. Een Koyukonjager zal bijvoorbeeld een teef knijpen zodat haar gejank de storm afschrikt. Of hij zal een rode cirkel op zijn peddel schilderen en daarmee naar het westen zwaaien als de donkere wolken aankomen, om zo de storm naar de kust te dirigeren.

De hemel wordt bewoond door vele wezens. Voor de Netsilik, een inuitstam uit Pelly Bay in het poolgebied van Canada, is de hemel de thuisbasis van Narssuk, een weergod in de vorm van een sterke, boosaardige, reusachtige baby. Deze kwade geest is ingesnoerd in kariboehuiden die zijn vastgebonden met riemen en heeft een afkeer van mensen. Wanneer Narssuk losbreekt, steekt een sneeuwstorm op. Om deze te laten ophouden moeten sjamanen in trans geraken en naar de hemel opstijgen om Narssuk te bevechten. Vervolgens moeten ze de riemen weer vastbinden. Tatqeq daarentegen is een zachtaardige, menslievende maangeest die niet veel macht heeft, maar jagers geluk en vrouwen vruchtbaarheid brengt.

De nachtelijke hemel is een bron van belangrijke informatie. Zo kondigt de stand van de sterren de verandering van de seizoenen aan. Zeldzame hemelse gebeurtenissen als zonsverduisteringen, kometen of supernova's kunnen als goede of slechte voortekenen worden gelezen. Bliksemflitsen en een lage, rommelende donder die in het westen begint en in de hele hemel hoorbaar is, vertegenwoordigen in combinatie met de juiste stand van de Plejaden significante mijlpalen voor de Skidi Pawnee-indianen. Ze kondigen de overgang tussen winter en zomer aan en reproduceren de schepping van de wereld in het klein. Het is tevens een teken dat het tijd is voor de Avondsterbundelceremoniën. De Skidi Pawnee-indianen geloven in de intieme relatie tussen zichzelf en hemelse objecten: vaststaande sterren zouden grote macht hebben – ze creëerden zelfs mensen en gaven elke groep van de stam een medicijnbundel. De sterren zijn óf goden (zie bijschrift rechts) óf mensen die ster zijn geworden.

Hemellichamen zijn meestal mannelijk of vrouwelijk. De dag brengt de mannelijke zon en het licht voort; de nacht de vrouwelijke maan, de sterren en de duisternis. Voor de Omaha-indianen zijn de Inshta-thuda, of het Hemelvolk, de tegengestelden van de Hon'gashenu, het Aardevolk. Samen vormen ze een cirkel die het Omaha-idee weerspiegelt dat de schepping door blijft gaan door de vereniging van man en vrouw.

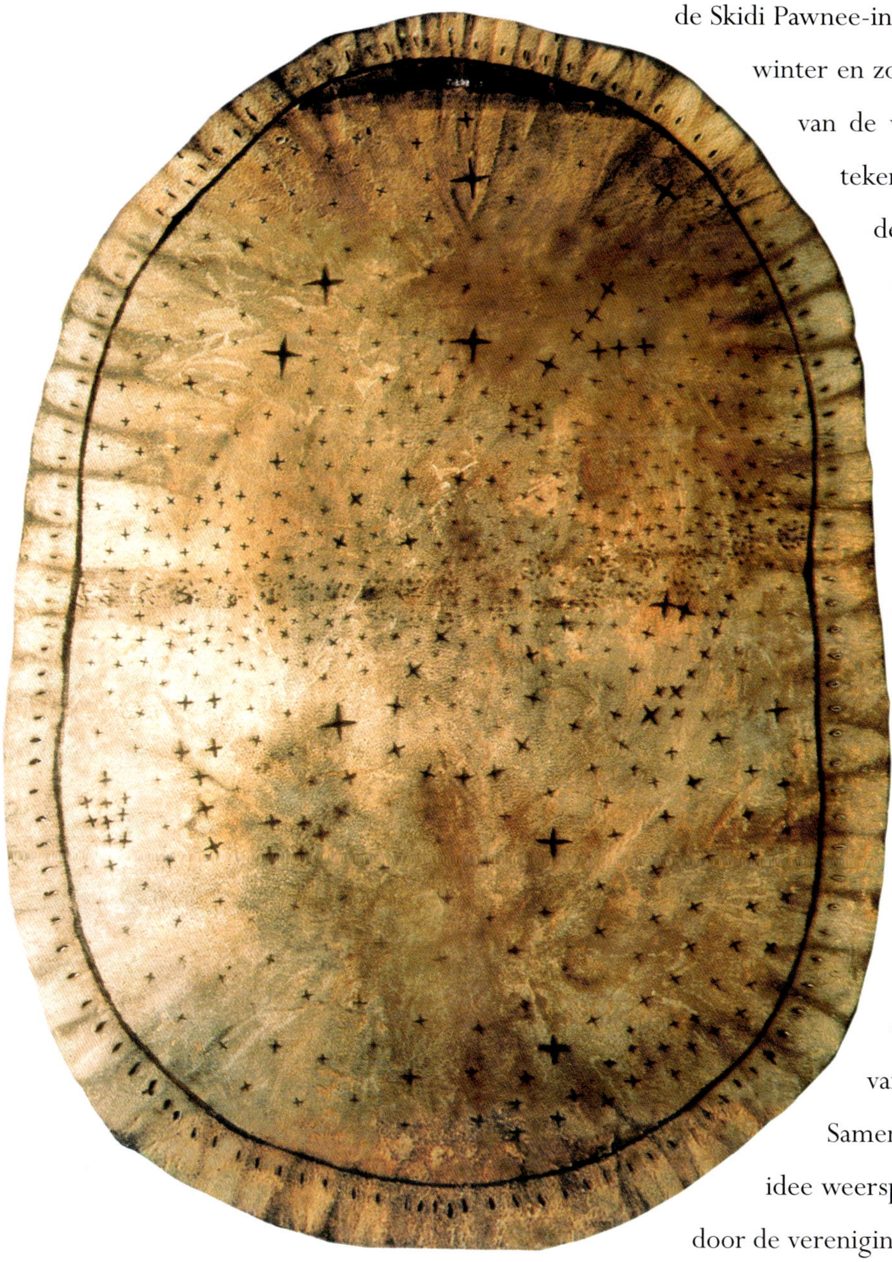

LINKS De Skidi Pawnee-indianen hadden een ver ontwikkelde tribale kosmogonie. Deze is te zien op de voorstelling van de nachtelijke hemel op een dierenhuid die werd gebruikt bij waarzeggingen. De historische Pawnee geloofden dat hun dorpen waren gesticht door bepaalde sterren. Als hun belangrijkste goden gelden de rode, mannelijke ster in het oosten, de Morgenster, en de helderwitte, vrouwelijke ster in het westen, de Avondster, die beide in werkelijkheid de planeet Venus zijn.

DE DONDERWEZENS

Er zijn plaatsen die naar het schijnt een stem hebben met het geluid van de donder of neerstortend water. Deze plekken zouden zich bevinden op de scheidslijn tussen hemel en aarde, zee of bos en ze zouden hun onaangename geluid te danken hebben aan de aanwezigheid van donderwezens. Zij bestaan in de overleveringen van de meeste stammen, maar hebben uiteenlopende betekenissen. Donderwezens kunnen zowel creatief als destructief zijn en worden meestal geassocieerd met zwaar weer, vooral bliksem, wind en regen. Hierdoor worden ze vaak verbonden met het westen, de richting waar de meeste stormen vandaan komen.

LINKS Deze spinklos van de Salish van de Noordwestkust is een alledaags voorwerp dat is gedecoreerd met een majestueuze figuur van een dondervogel die een zalm in zijn klauwen houdt.

De exacte woonplaats van deze wezens varieert, maar gewoonlijk bezit die plaats een enorme energie. Dit kan een plaats zijn in de hemel, in het westen of in de bergen, maar het kan ook de plek zijn waar de schepper leeft of vandaan kwam, de plek waar cultuurhelden en bedriegers naartoe gingen voor inspiratie. Het kan ook een bepaalde berg of een plek in of bij het water zijn. De Irokezen identificeren het geluid van de Niagarawatervallen (zie bijschrift bladzijde 37) bijvoorbeeld met de stem van het donderwezen dat zij de watergeest noemen. Volgens de Lakota-indianen donderden delen van de heilige Paha Sapa eens mysterieus, een fenomeen dat eindigde toen men er goud begon te delven. Deze heuvels zijn ook het thuisland van Wakinyan, de Lakotaversie van de dondervogel, die zou leven boven op Harney Peak bij Wind Cave, waar de Lakota-indianen zelf voor het eerst uit de grond kwamen. Wakinyans stem zou de donderklap zijn en de rollende donder die daarop volgt de stemmen van zijn kinderen, de dondervogels. Ook in North Carolina is een bergachtig gebied de thuisbasis van een donderwezen: Rode Man, te vinden op Pilot Mountain, bij de Cherokee-indianen bekend als Tsuwatelda. De naam 'Rode Man' is afkomstig van zijn prachtige kleding bestaande uit bliksemflitsen en regenbogen. Hij en zijn twee zonen, die de Cherokee het vuur hebben gegeven, kunnen behulpzaam zijn wanneer de mensen tot hen bidden.

LINKS Het gebrul van de Niagarawatervallen (van Nee-ah-gah-rah, dat 'donderend water' betekent) zou afkomstig zijn van de geest in het water, die jaarlijks gerustgesteld werd door middel van offers. De Irokezen leggen uit hoe de hoefijzervorm van de waterval ontstond toen het bekken werd gevormd door een neerstortende, reusachtige slang die werd gedood door een bliksemschicht, gestuurd door een goede geest uit Lake Ontario.

HEMELSE DUALITEIT

Voor de meeste autochtone Noord-Amerikanen vertegenwoordigen de zon en de maan de dualiteit van de schepping, zoals leven/dood, man/vrouw en goed/kwaad. De onveranderlijke zon en de veranderlijke maan worden gebruikt om de fasen van de cyclus van het bestaan weer te geven. Stammen vereren de zon en maan door hen in diverse aspecten van hun cultuur te integreren. Dit varieert van hun woningen - de cirkelvorm van een *tipi* (boven) bootst de heilige cirkel van de kosmos na - tot rituele objecten, zoals de Geestendanstrommel (zie bladzijde 39, links), gedecoreerd met hemellichamen, en het aan een Hopipriester behorende schild van schapenleer in de vorm van de opkomende zon (zie bladzijde 39, rechts).

OORSPRONG EN HEILIGE LANDSCHAPPEN

Terwijl de joods-christelijke traditie een schepper, God, heeft die de mens creëert naar zijn evenbeeld en hun de heerschappij geeft over de aarde, krijgen de meeste autochtone Noord-Amerikanen in hun scheppingsverhalen niet meer macht dan de andere onderdelen van de schepping. Mensen zijn partners van de aarde en kennen hem als de bron waaruit zij voortkomen. Het land waarop de indianen leven, weerspiegelt de schepping en er zijn vele verhalen die uitleggen hoe dingen zijn ontstaan. De plaatsen waar mensen voor het eerst zijn verschenen, worden altijd vereerd en zijn heilig, en in de bijbehorende verhalen is het mythische verweven met het wer-

kelijke. Deze verhalen over oorsprong en landschappen zijn talrijker dan de stammen. Tezamen vormen zij een verzameling thema's waarin de complexe relaties tussen landschap, weer, planten, dieren en mensen worden beschreven.

Veel oorsprongsverhalen beschrijven hoe de autochtone bevolking uit een duistere plaats voortkomt. Sommige volken komen uit de grond, andere uit het water. Sommige experts suggereerden dat deze donkere plaats een allegorie is voor de geboorte, voor de gang door het geboortekanaal naar het licht. Anderen beweren dat de plaats verwijst naar de Beringialandbrug, een plaats die in de volksherinnering voortleeft sinds de tijd van de grote migratiegolven naar beide Amerika's gedurende de sombere seizoenen in de laatste IJstijd (zie bladzijde 12).

LINKS Een storm staat op uitbarsten boven de Badlands, South Dakota. De Badlands hebben grote spirituele betekenis voor verschillende indianenvolken, zoals de Lakota-indianen. Volgens hun legenden was deze plek ooit de locatie van een rampzalige oerstrijd tijdens welke monsters werden afgeslacht (zie bladzijde 103).

Ondanks hun taalkundige verschillen hebben alle pueblovolken uit het Zuidwesten een gelijksoortige term voor hun plaatsen van oorsprong. De Keresansprekers, zoals de Acomagemeenschap, spreken van *sipap*, de Uto-Azteekprekende Hopi-indianen van *sipapu* en de Tanoansprekende Tewa-indianen van *sipophene*. De locatie van *sipophene* was een duister gebied onder Sandy Place Lake in het uiterste noorden, waar mensen, dieren en bovennatuurlijke wezens samenleven als onsterfelijken. De Maïsmoeders van de Tewa-indianen vroegen een man of ze het meer konden verlaten. Ze haalden hem over dat te onderzoeken, waarop hij naar de vier windrichtingen ging. Daar vond hij alleen nevel en mist. Hij keerde terug en zei dat hij de wereld had gezien en dat deze *ochu* was, groen of onrijp. De tweede keer dat hij naar de wereld ging, ontmoette hij gevaarlijke dieren die uiteindelijk zijn vrienden werden en hem terugstuurden met geschenken. Mensen waren blij en zeiden: 'We zijn geaccepteerd,' en volgden de man naar het water. De plek waar ze uit het water kwamen, is omsloten door vier heilige bergen en vier heilige heuvels. De Hopi-indianen, die op gelijksoortige manier in de wereld kwamen bij de Colorado in de Grand Canyon, herdenken de onderaardse opkomstplaats door een opening in de vloer van een ceremoniële *kiva* (zie bladzijde 56-57).

Gelijksoortige thema's zien we ook in de oorsprongsverhalen van de naburige Navajo's. Volgens de Navajo's schiepen de heilige mensen Eerste Man en Eerste Vrouw, die door meerdere duistere onderwerelden reisden voor ze door een holle rietstengel naar boven kwamen. Eerste Man bewaarde aarde in zijn medicijnbundel en van deze aarde schiep het stel vier heilige bergen in het huidige Four Cornersgebied, waar vier staten bij elkaar komen. In het oosten maakten ze Blanco Peak vast met een bliksemschicht en bedekten hem met een deken van daglicht. In het zuiden werd Mount Taylor vastgehouden door een stenen mes en bedekt met blauw. In het westen werden de San Francisco Peaks gedrapeerd met geel en vastgezet met een zonnestraal en in het noorden hield een regenboog Hesperus Peak op zijn plaats, waarna Eerste Man en Eerste Vrouw hem bedekten met duisternis. Elke bergtop, richting en kleur werd geassocieerd met speciale machten: witte bliksemschichten in het oosten, blauwe luchten in het zuiden, geel voor de zon in het westen en zwart voor de donkere wolken in het noorden. Boven op Gobernador Knob in New Mexico vonden Eerste Man en Eerste Vrouw Veranderende Vrouw, die de Navajobevolking voortbracht door haar huid te vermengen met water en maïs.

Dezelfde krachtige geworteldheid in een plaats zien we ook aan het andere einde van het continent. Op een schiereiland bij Georgian Bay in Zuid-Ontario leven de Huronindianen. Ze noemen zichzelf de Wendat, 'bewoners van een schiereiland' of 'eilandbewoners'. De naam weerspiegelt hun geloof dat de aarde een eiland is op de rug van een schildpad. In Wisconsin beweren alle clans van de Winnebago- of Ho-Chunkindianen dat ze uit een gebied komen vlak bij de Red Banks bij Green Bay in Lake Michigan. Het scheppingsverhaal van Bear's Clan vertelt over een beer die op een dag over de oceaan aan kwam lopen en bij het bereiken van de kust in een raaf veranderde. Op de plek waar dat gebeurde, werd een bijeenkomst georganiseerd van alle clans.

Dieren zijn een veelvoorkomend thema. De Yokutindianen in Californië zeggen dat hun land eens overstroomd was. Adelaar en Kraai zaten op een stukje uitstekend land en vroegen zich af hoe ze het land weer boven konden laten komen. Eend kwam langs, dook naar de bodem en bracht op zijn snavel modder mee naar boven, die Adelaar en Kraai er afschraapten om twee hopen te maken. De dieren beloonden Eend elk met een vis, maar Adelaars modderhoop groeide sneller omdat hij Eend nog een tweede vis gaf. De modderhoop van Kraai groeide uit tot het Kustgebergte en die van Adelaar tot de enorme Sierra Nevada.

LINKS Een Tlingithoofdtooi stelt een halfmenselijke Raaf voor die zich vastklampt aan een doos met daglicht, vertegenwoordigd door de ingelegde spiegel. Evenals de andere noordelijke volken, zoals de Aleut, geloven de Tlingit van de Noordwestkust dat Raaf het daglicht bij de eerste mensen bracht door een doos te stelen waarin een rijke man de zon, maan en sterren had opgeborgen. Raaf stal de doos uit de schuilplaats op een eiland bij Sitka, Alaska, en liet het licht los.

De Aleut in Alaska vertellen over wat er gebeurde nadat Raaf het daglicht had veiliggesteld (zie bijschrift rechts). Een man en een vrouw kwamen uit de hemel in een blaas die ze uitrekten totdat hij land werd. De man strooide zijn haren uit en het werden bomen en dieren. De vrouw maakte de zeeën door te plassen en maakte meren en rivieren door te spugen in kuilen en greppels. Houtsnippers werden in het water gegooid om vissen te maken. Hun eerstgeboren zoon speelde met een steen die in een eiland veranderde. Een andere zoon en een teef werden op het eiland gezet, dat ze lieten drijven. Dit werd Kodiakeiland en het Kodiakvolk dat er woont, gelooft dat het afstamt van die zoon en zijn hondenvrouw.

PLAATS VAN DE BLAUWE ROOK

De Cherokee-indianen gebruiken een woord voor land, *eloheh*, dat ook geschiedenis, cultuur en religie betekent. Het benadrukt hoe onlosmakelijk verbonden de mensen zichzelf zien met hun thuisland. De geschiedenis van de Cherokee-indianen is echter een tragisch verhaal van verdringing en gedwongen verhuizing. Hun taal is verwant aan die van de Irokezen uit het noorden en het verhaal gaat dat de zeven clans van de Cherokee zuidwaarts zijn getrokken naar de Smoky Mountains van North Carolina, waar ze zich rond het jaar 1000 hebben gevestigd. In de loop van de tijd zijn ze dit gaan beschouwen als hun heilige, voorouderlijke grondgebied.

Toen de Europese kolonisatie begon, vanaf begin achttiende eeuw, lag het bevolkingsaantal van de Cherokee rond de 25.000 en woonden ze verspreid over een gebied dat nu acht staten beslaat. In 1827 vonden kolonisten goud op enkele grondgebieden van de Cherokee-indianen, waarna de autoriteiten land begonnen op te eisen. Een decennium later werden de Cherokee naar grondgebied in het westen gedwongen, dat de regering had aangewezen als het Indiaans Territorium (het huidige Oklahoma). Deze verhuizing vond plaats tijdens de strenge winter van 1838-1839 en van de 16.000 indianen die de reis ondernamen langs het Spoor van Tranen stierf ongeveer een kwart. Enkele duizenden weigerden te vertrekken en hielden zich schuil in hun bergachtige streek. In 1865 bepaalde de staat North Carolina dat het indianenreservaat Qualla in de Smoky Mountains de vaste woonplaats zou zijn van de Cherokee. De Cherokee kennen dit thuisland als Shaconage, 'plaats van de blauwe rook', wat verwijst naar de spectaculaire mist die wordt veroorzaakt door de dennenolie en waterdamp die vrijkomen van de begroeiing.

GROTE MIGRATIES

Volgens antropologen bevestigen wetenschappelijke bewijzen dat de oorsprong van de indianen zeer ver teruggaat en door migratie heeft plaatsgevonden (zie bladzijde 12). De autochtone volken hebben echter hun eigen verhalen over waar ze vandaan komen en de meeste geloven dat zij in Noord-Amerika werden gecreëerd. Mondelinge overleveringen melden echter wel dat enkele stammen binnen het continent grote reizen hebben gemaakt.

Dat veel indiaanse stammen voortdurend onderweg waren, lijdt geen twijfel, vaak als gevolg van natuurlijke factoren, overbevolking of conflicten met andere stam-

RECHTS De op een oorlog lijkende felheid waarmee een Choctawbalspel wordt gespeeld, is goed te zien in dit schilderij van George Catlin (1794-1872), die rondreisde om het dagelijks leven vast te leggen van de Vijf Beschaafde Stammen (de Cherokee-, Chickasaw-, Choctaw-, Creek- en Seminole-indianen). Catlin observeerde deze scène in Oklahoma (van het Choctawwoord voor 'rode mensen', hun vertaling voor het Indiaans Territorium) nadat de Choctawindianen in oostelijke richting werden gedwongen langs het Spoor van Tranen.

men. Dergelijke migraties bestonden niet altijd uit één massale verhuizing, maar vaak uit het groepsgewijs wegtrekken van mensen naar een volgende plaats. Terwijl ze zich verspreidden, ontwikkelden de volken zich cultureel gezien, al behielden ze doorgaans wel banden met hun oorspronkelijke cultuur.

Goede voorbeelden van dit proces zijn de Navajo's en Apachen, twee stammen die we als Zuidwestelijk classificeren. Het oorsprongsverhaal van de Navajo's beschrijft hun opkomst naar het oppervlak en de wonderen die leidden tot het ontstaan van de Navajoleefwijze rond 1400. Het verhaal is een allegorie van de Athapascanmigratie, die diverse stammen van het Poolgebied tot aan Mexico met elkaar verbindt vanwege een gemeenschappelijke taalfamilie. Er zijn duidelijke overeenkomsten tussen de taal van de Navajo's en die van de Haida- en Tlingitindianen van de Noordwestkust en de Hupa- en Mattole-indianen uit Noord-Californië, evenals die van hun buren, de Apachen. Antropologen en taalkundigen kunnen de trektocht van volken vaak achterhalen met behulp van overblijfselen van de taal, delen van verhalen en overeenkomsten in rituelen. De stammen zelf hebben vaak slechts vage informatie over hun verleden omdat de details in de loop der tijd verloren zijn gegaan. De Navajo's beweren bijvoorbeeld dat zij werden geschapen in het Noordwesten.

Helaas waren latere migraties, na het Contact, vaak niet vrijwillig. De Meskwaki-indianen begonnen hun reis langs de oostkust, werden naar het Indiaans Territorium in het westen gedwongen en keerden toen terug naar Iowa door land terug te kopen voor een nederzetting. De Noordelijke Cheyenne-indianen werden vanuit Montana naar het Indiaans Territorium verbannen en wisten naar hun eigen grondgebied terug te keren na een langlopende strijd in de Centrale Laagvlakte in 1878-1879. Deze gedwongen verhuizingen veranderden de culturen drastisch. Volken werden gedwongen tot contact met stammen met een totaal andere culturele achtergrond, wat soms leidde tot conflicten en soms tot een versmelting van culturele praktijken.

SACRALE CYCLI

Indiaanse culturen waren niet zo tijdloos en onveranderlijk als vaak wordt aangenomen. Net als elders vinden veranderingen plaats als reactie op natuurlijke en sociale omstandigheden. Autochtone Noord-Amerikanen hebben altijd op creatieve wijze gebruikgemaakt van de bronnen die Moeder Aarde hun gaf en in de loop van duizenden jaren zijn volken opgebloeid wanneer hun omgeving dat toestond. Mensen experimenteerden met gewassen en creëerden zo een reeks nieuwe landbouwproducten die hun, onder de juiste klimatologische omstandigheden, voorzagen van overschotten. Een voedselvoorraad gaf een volk de mogelijkheid te groeien en maakte mensen vrij van de voortdurende zoektocht naar voedsel, waardoor er tijd ontstond voor het vergaren van kennis of het maken van handwerk en beeldende kunst.

Het beste voorbeeld was een gunstige omgeving waarin een cultuur kan opbloeien, vormen de welige stroomgebieden van de Mississippi, die overvloedige natuurlijke bronnen en vruchtbare grond boden waarop maïs, bonen en pompoenen werden geteeld. Het grootste centrum van archeologische traditie (zie bladzijde 32-33) in het Mississippigebied was de stad Cahokia, die zijn culturele hoogtepunt bereikte tussen 1050 en 1250, toen er zo'n 35.000 mensen woonden. De plattegrond van Cahokia weerspiegelde een sacrale geometrie, gedomineerd door een plein dat werd omgeven door de enorme Monniksheuvel en zestien andere terpen in de vorm van platforms. De Monniksheuvel werd eens bekroond door een tempel en is de grootste prehistorische constructie in de Verenigde Staten, met vier platforms van dertig meter hoog op een basis van 316 meter lang en 241 meter breed.

Cahokia symboliseert de grote verandering van nomadische naar gevestigde culturen en van relatief kleine bevolkingsaantallen naar grote, die meer als een staat georganiseerd moesten worden. Toen steden als Cahokia afhankelijker werden van de landbouw om de duizenden monden te voeden, werd het noodzakelijk om de seizoe-

RECHTS Big Hornmedicijnwiel op Medicine Mountain, Wyoming, zou duizenden jaren oud zijn en er bestaan tal van verschillende verklaringen voor. Het feit dat er tientallen van dergelijke wielen zijn in heel Noord-Amerika benadrukt de wijdverbreide symbolische betekenis van continuïteit, vernieuwing en oneindigheid die in het ontwerp verwerkt is.

nen te voorspellen. De priesters van Cahokia deden dit door een *woodhenge* te bouwen om de zonnewende en belangrijke hemelse gebeurtenissen te bepalen. Een hoge paal in het midden en kortere palen aan de buitenzijde van de kring markeerden de positie van de seizoenscyclus op dat moment.

We moeten goed onthouden dat deze nieuwe culturen in wezen de bestaande,

oeroude betrokkenheid reflecteerden van de autochtone Noord-Amerikanen bij de cycli van tijd, de seizoenen en het leven zelf – iets wat vele historische culturen bezighoudt. De constructie van de *woodhenge* van Cahokia is niet veel anders dan die van het oude medicijnwiel (zie bladzijde 49 en 92), dat bestaat uit een cirkel met een kruis erin. Het werd toegepast door de Lakota-indianen; de eenvoudige opzet ervan omvat de hele kosmologie. De kwadranten die ontstaan door het kruis zijn rood, zwart, wit en geel, de heilige kleuren van de mensheid. Het medicijnwiel symboliseert een universum dat veel gecompliceerder is dan niet-indianen zich kunnen voorstellen.

LINKS Het zorgvuldig gerestaureerde interieur van een Pawneehut. De beschilderde bizonschedels zijn naar het oosten gericht, waar de tunnelvormige ingang is. Het centrale rookgat is te zien boven vier palen die de vier hoofdrichtingen symboliseren (zie tekst rechts). Het gat is groot genoeg om een glimp op te vangen van de sterrenhemel die volgens de Pawnee-indianen werd geschapen door Tirawahat.

De cirkel staat voor de cyclische natuur van alle scheppingen, terwijl het kruis de vier hoofdrichtingen markeert waaruit de vier winden waaien. Het kruis vertegenwoordigt ook de vier seizoenen zoals die worden erkend door de Lakota-indianen, wat een tijdelijk element suggereert dat de cirkel een 'verticale' dimensie verleent. We kunnen de kosmos opvatten als een bol die elk materieel element en elke gebeurtenis die plaatsvindt omvat. Omdat alle gebeurtenissen in de bol behouden waren, zijn of zullen zijn, worden ze tijdloos, al zijn ze verbonden aan een ruimtelijk element. Het kruis heeft niet alleen een horizontale dimensie door het centrum van de cirkel, maar ook een verticale dimensie via een centrale paal. Dingen kunnen in lagen worden aangebracht in deze ruimte en alles kan met elkaar worden verbonden. Deze verbondenheid vormt een sacrale kwaliteit.

Dit patroon van cirkel en kruis is duidelijk zichtbaar in de indiaanse cultuur. De hutten van de Pawnee, Arikara, en anderen kopiëren deze ronde, hemelse constructie bijvoorbeeld. De ruime hutten van populierenhout en aarde hebben een halfronde koepel, doorgaans ondersteund door vier palen en een haard in het midden met een rookgat erboven. Het interieur van deze hutten (zie afbeelding bladzijde 50) wordt vaak verdeeld in segmenten gebaseerd op de vier windrichtingen en in die richtingen vinden specifieke activiteiten plaats. Veel van de echt nomadische stammen van de

Centrale Laagvlakte, die in hun kampementen ronde tipi's bouwden om in te wonen (zie afbeelding bladzijde 38), bouwden een tijdelijke cirkelvormige hut voor een van hun meest sacrale vernieuwingsrituelen, de Zonnedans. In het midden van de hut staat een boom of een centrale paal, waaraan een bizonschedel hangt die nauwkeurig is uitgelijnd op de zon in het oosten. Rond het centrum staan twaalf kleinere palen, wat de draaiende beweging voorstelt van de aarde en een jaar van twaalf manen.

De windrichtingen zijn ook een belangrijk element in andere autochtone Amerikaanse woningen, zoals de planken huizen van de Haida-indianen die in het gebied van de Noordwestkust zijn gebouwd (zie bladzijde 18-19). De huizen staan aan de kust en zijn gericht op de zee. De ingang wordt geflankeerd door hoge, bewerkte totempalen; de achterkant van de huizen is gericht naar het bos (waar de stoffelijke resten van de doden in houten grafhutten liggen). De rook van de haard ontsnapt naar de hemel via een centraal rookgat. Vrouwen gebruiken de linkerzijde van het huis en mannen de rechterzijde. De voorkant van het huis is voor mensen lager in rang, terwijl de achterkant een plaats van macht is die ceremonieel wordt gebruikt door de meester van het huis. De verticale richtingen, omhoog en omlaag, zijn eveneens cruciaal. De Haida-indianen geloven in drie werelden: een onderwereld, de wereld waarin de mensen leven en een hemelwereld. Tijdens sommige ceremoniën wordt een hoge cederhouten paal door het rookgat omhooggestoken, via welke een sjamaan naar boven kan klimmen om zijn hemelse krachten aan te wenden.

Inheemse mensen zien de wereld niet in termen van lineaire opeenvolgingen van oorzaak en gevolg en niet in een tijdelijk kader. Buitengewone gebeurtenissen zijn altijd aan een plaats gebonden en er gaat een constellatie van symbolen mee gepaard die normale, tijdelijke dimensies te boven gaat. Hoewel de menselijke acteurs kunnen veranderen, blijven de fundamentele principes altijd hetzelfde: de zon beweegt altijd in dezelfde richting, de sterren staan altijd in hetzelfde patroon aan de hemel, mensen

worden geboren en sterven. Gebeurtenissen krijgen het karakter van onveranderlijke natuurwetten die eeuwige realiteiten van het leven zijn in de voortgang van dag tot dag, seizoen tot seizoen. De tijd moet vernieuwd worden door middel van rituelen die de cyclus voltooien. Dit betekent niet dat autochtone Noord-Amerikanen geen chronologische tijd of kalenders begrijpen of gebruiken, maar dat de belangrijkste gebeurtenissen in het leven niet gekoppeld zijn aan die denkwijze.

In autochtoon Noord-Amerika volgt de seizoenscyclus van dagelijkse en rituele activiteiten het patroon van de natuurlijke cyclus. Dit is goed te zien bij de pueblovolken van het Zuidwesten. Het Zunileven is gericht op de gebeurtenissen die synchroon lopen met de landbouwcycli, van de zomerzonnewende tot de winterzonnewende en terug. Het woord voor zonnewende, *itiwana*, betekent 'midden' of 'centrum', een naam die de Zuni-indianen ook toepassen op hun dorp, het centrum van de wereld.

LINKS Vrouwen voeren een maïsdans uit tijdens een feestdag in de Tewapueblo van Santa Clara, New Mexico. Dergelijke gemeenschappelijke evenementen zijn onderdeel van de eindeloze cyclus die het ceremoniële en seizoensgebondene van zowel rituelen als de landbouw met elkaar verbindt.

STENEN VAN DE ARCTISCHE REUZEN

Zelfs de bevroren grond van het hoge noorden voorzag in beloningen voor jagers. Sommige inuit organiseerden gemeenschappelijke jachtpartijen op de kariboe, die centraal stond in hun culturele en spirituele leven (zie decoratie boven). Stenen cairns, *inukshuks* (zie bladzijde 54) gelijkend op reusachtige mensen worden op de migratieroutes van de kudden geplaatst, zodat ze naar plaatsen worden gedreven waar de jagers ze in een hinderlaag kunnen lokken. *Inukshuks* worden ook gebruikt, om aan te geven waar voedsel is verborgen en om sacrale grond te markeren.

CEREMONIËLE RUIMTEN

LINKS **Een opgegraven *kiva* in Pueblo Bonito, New Mexico, gebouwd door de Anasazi (zie bladzijde 58). Deze nederzetting groeide nadat de gemeenschap besloot zich ergens te vestigd in plaats van nog langer als nomaden te leven. In ronde *kiva's* als deze werden bijeenkomsten gehouden. Ze zijn ingegraven in de grond en worden afgedekt. In huidige Hopi-*kiva's* worden gebeden naar de onderwereld gezonden via de sipapu, het gat in de vloer dat symbool staat voor het gat waardoor men voor het eerst op aarde kwam (zie bladzijde 41-42).**

Belangrijke ceremoniën worden vaak georganiseerd in hutten of ruimten die speciaal voor dit doel zijn gebouwd. Dergelijke plekken zijn nodig vanwege het aantal mensen dat deelneemt, maar nog belangrijker is dat zo een symbolische link met het sacrale wordt gecreëerd.

De rituele constructies van jager-verzamelaars zijn vaak licht en gemakkelijk te vervoeren. De Lakotazweethut die wordt gebruikt voor de inipi-zuiveringsceremonie bestaat uit een frame van twijgen die worden gebogen tot een kleine koepel en bedekt met huiden, dekzeilen of dekens. In een kuil in het midden liggen hete stenen waarover water wordt gegoten om stoom te produceren. De Ojibwaj-indianen bouwen een waarzeggerhut, de 'schuddende tent', waarin ze heilige wezens aanroepen voor antwoorden op hun vragen. De tent bestaat uit een tonvormig frame van palen van zo'n twee meter hoog, bedekt met berkenbast, huiden of canvas. Als de geesten reageren op de aanroep, wordt de tent heen en weer geschud door de wind waardoor zij belichaamd worden en zijn de stemmen van de geest al pratend of zingend te horen.

Bepaalde indianenstammen van de Centrale Laagvlakte waren aanhangers van de autochtone Amerikaanse Kerk en hielden hele nachten durende diensten in een tipi die bedekt is met onbewerkt canvas. Meer permanent waren de ceremoniële aardhutten van de Mandanboeren, die doen denken aan die van de Pawnee-indianen (zie bladzijde 51). Tijdens hun okeepa-vernieuwingsceremonie zochten enkele deelnemers naar visioenen door aan haken in hun rug en borst vanuit het rookgat naar beneden te hangen.

De bekendste van alle ceremoniële ruimten is de kiva van de Hopivolken uit het Zuidwesten. Ze worden betreden door er van bovenaf met een ladder in af te dalen. In de kiva, al minstens duizend jaar onderdeel van de pueblo-architectuur (zie afbeelding bladzijde 56), worden van februari tot juli kachina-ceremoniën gehouden om ervoor te zorgen dat het universum in harmonie blijft functioneren.

RECHTS Een *Hopi-kachina*-pop vertegenwoordigt hier Shalako Mana. *Kachina's* zijn de geesten die de Hopi-indianen leerden hoe ze moesten leven na hun opkomst uit de aarde. Deze onzichtbare levenskrachten krijgen vorm door de houten poppen en worden gepersonifieerd door mensen tijdens gemaskerde ceremoniën. Hun belangrijkste doel is te zorgen voor regen voor de voorjaarsgewassen. *Kachina-ceremoniën* worden gehouden in *kiva's*.

FANTASTISCHE WONINGEN VAN DE OUDEN

Cliff Palace bevat 151 kamers en 23 *kiva's* en is een van de bijna zeshonderd autochtone grotwoningen in het nationale park Mesa Verde in het Zuidwesten. De rotswoningen werden gebouwd door het Anasazivolk, bekend als 'de Ouden'. De Anasazi waren oorspronkelijk jager-verzamelaars in de hooglanden die in kuilwoningen leefden die door hun voorouders waren ontwikkeld. Rond het jaar 500 verhuisden de Anasazi naar de tafellanden, waar ze zich bezighielden met landbouw. Hoewel de Anasazi altijd al gebruik hadden gemaakt van de natuurlijke nissen in de rotswanden, begonnen ze er pas rond 1150 woningen in te bouwen.

Tegen 1200 leefden de meeste Anasazi in de rotsen. Rotswoningen waren een enorme architectonische onderneming. Mensen pasten hun woningen en ceremoniële constructies aan de contouren van de nissen aan. Ze droegen de bouwstenen vanaf de berghellingen naar boven, samen met modder en water voor de specie. Waarom de Anasazi naar de rotsen verhuisden is onduidelijk, al kan het zijn dat sommige stammen wilden ontsnappen aan interne conflicten. Het kan echter ook zijn dat een steeds kouder en droger klimaat de mensen dwong een betere schuilplaats te zoeken. Het gebruik van de rotsen was echter geen lang leven beschoren; tegen 1300 waren de Anasazi verder naar het zuiden getrokken, waar ze zich ontwikkelden tot de huidige Hopi- en Zunipueblovolken.

DE LEVENDE GEEST

LINKS Achter dit Navajomeisje in Arizona zijn petrogliefen van mannen te paard gekerfd. Ze herinneren aan de impact die deze dieren hadden op de autochtone bevolking van het Zuidwesten toen de Spanjaarden arriveerden. De Hopi-indianen dachten dat paarden boodschappers waren van de goden en legden ceremoniële dekens voor ze neer. De uit hout gesneden figuurtjes die het meisje vasthoudt, zijn langharige kachina's, geïnspireerd op de pueblotraditie.

Autochtone Noord-Amerikanen geloven dat de schepper alles heeft voorzien van een geest. Dit gemeenschappelijke element maakt dat alles wat leeft en niet leeft met elkaar verbonden en heilig is; mensen worden daarom geacht alle dingen op Moeder Aarde te respecteren. Indianen vinden dat ze gelijk zijn aan planten en dieren. Als gevolg van de verbindingen die in het verleden gevormd zijn, zijn mensen vaak zelfs familie van flora en fauna. De relatie tussen mensen, dieren, planten en het land wordt zorgvuldig verklaard in uitgebreide verhalen. De rituelen en ceremoniën onderstrepen de banden tussen de wereld waarin mensen wonen en het gebied van de geesten.

ONDER Een beeltenis van een oorlogspony gesneden door een indiaanse krijger van de Centrale Laagvlakte. De gaten in de rode verf stellen bloedende kogelgaten voor en betekenen waarschijnlijk dat het paard werd geëerd na op het strijdperk te zijn gedood. Een krijger kan zijn eenheid met een rijdier benadrukken door hem met dezelfde beschermende verfpatronen te beschilderen die hij voor de strijd ook op zijn eigen lichaam had aangebracht.

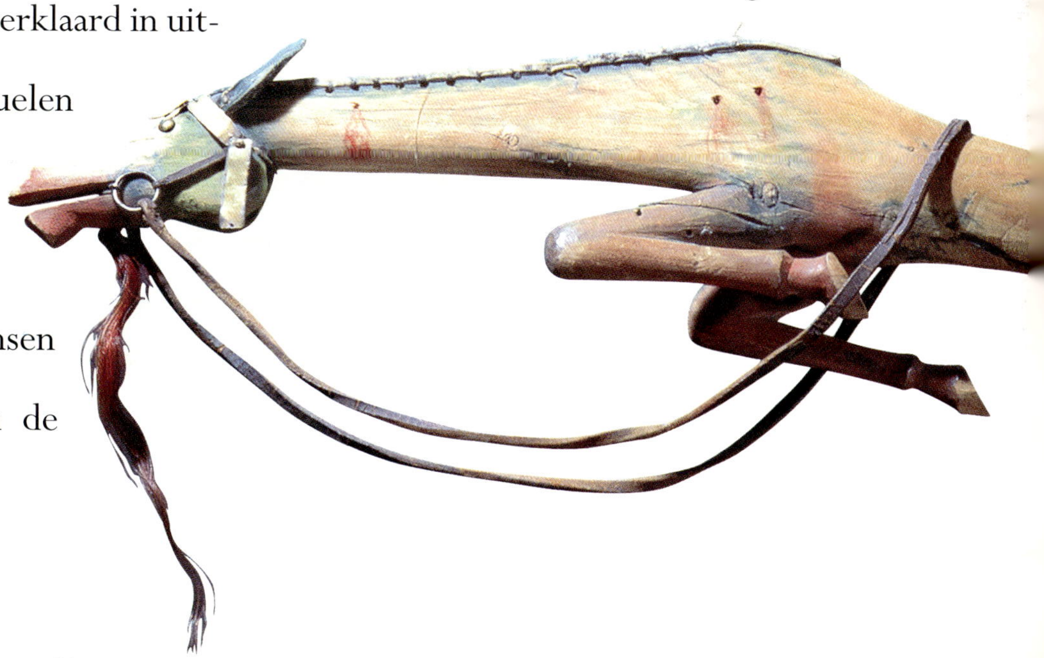

GEESTEN VAN DE NATUUR

Alle indianen erkennen dat de natuur is voorzien van spirituele betekenis. Het is het gebied waar de werelden van mensen en geesten elkaar kruisen, hoewel hun onderlinge relatie complex kan zijn. De geesten beheersen uiteindelijk de wereld en maken zich kenbaar in de vorm van natuurfenomenen. Deze geesten worden als familie beschouwd en hebben rechten en plichten ten opzichte van elkaar en de mensen om hen heen. Bij sommige volken is de macht die de wereld beheerst meer een vormeloze, mysterieuze energie, zoals Wakan bij de Lakota-indianen en andere Siouxsprekende volken van de Centrale Laagvlakte, de Manitou bij de volken in het gebied van de Grote Meren en het Subarctisch gebied, en Sila bij de inuit van de Baffinbaai.

Een adelaar is een adelaar, maar kan ook een dondervogel zijn met speciale beschermingsgaven. Een coyote is een coyote, maar kan ook een verschijningsvorm zijn van Bedrieger. Het is van groot belang voor mensen die met deze geesten moeten leven dat ze dit weten en zich ernaar gedragen. Als iemand zich aan bepaalde regels houdt, kan dat voordelen opleveren; als iemand dat niet doet, kan dat ernstige gevolgen hebben. Deze betrokkenheid bij de geesten van de natuur betekent niet dat óf de geest óf de natuur vereerd wordt – in elk geval niet in de betekenis die het woord heeft in westerse religies. De natuur wordt geëerd op het moment dat men erin leeft en er gebruik van maakt. Elke stam gaat op eigen wijze met deze machten om.

ONDER Een ivoren walruspijp van de inuit. In het poolgebied geloofde men dat dieren een ziel hadden (inua) en dat goed handwerk de zielen van de prooi gunstig zou stemmen. Voor het respect dat hun getoond is, zouden de dieren zichzelf laten vangen.

Ouderen leren kinderen over de natuurgeesten en hoe ze met hen om moeten gaan in de hoop ze een gepast respect bij te brengen. Sommige individuen proberen de krachten, 'medicijn', aan te wenden en te beheersen. Dit gebeurt op bescheiden wijze, bijvoorbeeld door het gebruik van een talisman in een medicijntas of -bundel (zie bladzijde 72-73 en 78-79). Anderen specialiseren zich en worden heilige personen, medicijnmannen of -vrouwen, sjamanen of heksen – de naam is afhankelijk van hoe iemand zijn of haar krachten en vaardigheden gebruikt (zie bladzijde 114-115).

Bij veel activiteiten gaat het er niet om dat een individu zich bezighoudt met de geesten maar gaat het om groepsverplichtingen. Een clan kan verantwoordelijk zijn voor het behoud van de sacrale medicijnbundels die een voorouder of totemwezen toevertrouwde aan de eeuwige zorg van zijn afstammelingen. Een hele stam kan verantwoordelijk zijn voor het uitvoeren van ceremoniën die de jaarlijkse vernieuwing van de wereld garanderen. Goed en kwaad kunnen bepaald worden door het voldoen aan de verplichtingen die zijn aangegaan ten opzichte van de geesten. Iedereen moet in bepaalde mate aandacht besteden aan de geesten, omdat de wereld anders uit balans raakt en het voortbestaan van het volk wordt bedreigd.

ONDER Dit conische vrouwenhoofddeksel van de Nootka-indianen is gemaakt van natuurlijke materialen. Het is van een onderscheidend type en voorzien van voorstellingen van de walvisjacht. Langs de Noordwestkust waren alleen de Nootka-indianen en hun verwanten, de Makah-indianen, in deze jacht gespecialiseerd. Voor hen waren walvissen belangrijke geesten en een voedselbron.

MASKERS VAN TRANSFORMATIE

De relatie tussen de hemel, zee, mensen en geesten is erg ingewikkeld. Bij de Kwakiutlindianen van de Noordwestkust voeren gemaskerde dansers ceremoniën uit die laten zien hoe wezens in andere wezens veranderen. De fraaie maskers veranderen als bij toverslag in iets anders wanneer de danser aan touwtjes trekt die aan de bewegende delen van het masker bevestigd zijn. Er wordt beweerd dat de danser de geesten kan voelen, die uitgesneden zouden zijn in wat hij draagt. Het masker met drie fasen (boven, van links naar rechts) laat een zeehondenstier zien die eerst verandert in een zeeraaf en vervolgens in een man. In het masker met twee fasen (zie bladzijde 65) wordt Raaf de Raaf van de Zee, vergezeld van wezens met scherpe tanden (met de koppen naar binnen gericht).

VOOROUDERLIJKE DIEREN

In veel oorsprongsverhalen wordt verteld dat dieren net zo oud zijn als de aarde zelf; deze dieren hielpen bij het creëren van de mensen en leerden hun hoe ze op de aarde moesten leven. In de loop der tijd ontwikkelden de mensen echter trots en vergaten ze veel van deze lessen, waardoor barrières ontstonden tussen mensen en dieren.

Amerikaanse indianen beschouwen dieren als hun voedselbron en hun meest levendige verbinding met de schepping. Ze worden nauwgezet in de gaten gehouden om de geheimen van de natuurlijke wereld opnieuw te leren. Mensen begrijpen dat dieren hun eigen lichaam geven zodat de mens kan voortbestaan en dit wordt erkend door een diepgaand respect te tonen.

Soms wordt onderscheid gemaakt tussen hedendaagse dieren en die uit de oertijd, toen de huidige schepping nog niet bestond. Dit was een tijd waarin wezens zichzelf konden veranderen van dier naar mens en weer terug. Stammen beweren echter maar zelden dat ze afstammen van dieren. Vaker wordt gedacht dat zowel mens als dier afstamt van hetzelfde veranderlijke wezen. Op het moment van de schepping verloren deze wezens hun vermogen te veranderen en de dieren die nu bestaan, hebben dat vermogen nooit teruggekregen. De Haida-indianen in British Columbia zeggen bijvoorbeeld dat beren rechtop lopen en hun poten als handen gebruiken om hun relatie te tonen met de mens, met wie zij eens konden praten en zich voortplanten.

De karakteristieke vermogens van bepaalde dieren kunnen de mensen tot voordeel zijn. De Crowindianen geloven dat de eland liefdeskrachten bezit. Dus maken

RECHTS **Een ratel gemaakt van een kalebas is ingekerfd en beschilderd met een voorstelling van een bizon. Tijdens rituelen ter ere van de dieren worden de ceremoniële liederen meestal begeleid door dit soort instrumenten. Ze worden gebruikt om het typische geluid te creëren dat wordt geassocieerd met dierengeesten. De deelnemers hopen deze geesten tijdens dit ritueel aan te roepen en contact met hen te maken.**

mannen vrouwen het hof door elandgeluiden na te bootsen op een lange fluit – een geschenk van Elandman, die de Crowindianen ook liederen en een beschilderde elandmantel gaf. Jonge verliefde mannen trekken een mantel aan, lopen voor het meisje op wie ze verliefd zijn en zingen liedjes van de Elandman.

Voor veel stammen van de Centrale Laagvlakte zijn dierensymbolen een centraal element in veel dansen. Deelnemers kunnen wezelhuiden dragen om zichzelf te voorzien van het uithoudingsvermogen van dit dier. Of een konijnenpels, om de nederigheid te tonen die elke danser moet bezitten om het centrum van de wereld te kunnen betreden dat zich in het midden van de danskring bevindt. Ze kunnen adelaarsveren en fluitjes van adelaarsbotjes bij zich hebben uit eerbetoon aan de snelheid, moed en kracht van het dier. Een berenhuid wordt gedragen om het grote dier te eren en hem te verleiden zich op te offeren aan de jagers. Soms dragen zij ook een bizonschedel die gras wordt 'gevoerd' in een handeling die de cirkel van het leven symboliseert door het dier te voeden dat de mens in leven houdt.

LINKS Deze gravure van George Catlin (1794-1872), ca. 1835, toont een Berendans bij de Siouxsprekende volken van de Centrale Laagvlakte. Zij hielden van berenvlees en gebruikten berenvet om hun lichamen in te vetten. De dansers werden geleid door een sjamaan gekleed in een berenhuid en hadden tot doel hun potentiële prooi te imiteren en hem te eren, om hem zo aan te moedigen zich op te offeren voor de volgende groep jagers.

ZO SNEL ALS 'HEMELHONDEN'
Toen de Blackfootindianen van de noordelijke Laagvlakte voor het eerst paarden zagen, begrepen ze niet wat dat waren: de vreemde wezens leken op honden, maar waren groter en sneller. De Blackfootindianen besloten dat Oude Man, de schepper, deze wezens uit de hemel had gezonden als geschenk. Honden waren al lange tijd maatjes van de mensen, die hielpen bij de jacht en het vervoer; maar ze konden niet tippen aan de fenomenale vermogens van deze grotere 'hemelhonden'. Ze konden een volwassen man dragen, tipi-palen trekken en net zo snel rennen als een bizon. De Lakota-indianen besloten de dieren *shunka wakan*, 'heilige honden', te noemen, verwijzend naar het schijnbaar bovennatuurlijke vermogen van de fysieke kracht van het paard.

Het waren de Spanjaarden die het paard voor het eerst in het Zuidwesten introduceerden, waarna de dieren snel over het hele continent werden verspreid, en het leven van veel autochtone volken veranderde er drastisch door. Stammen die eerder te voet in grote groepen op bizons hadden gejaagd, lieten dat nu doen door enkele mannen te paard, die snel een groot aantal dieren konden doden.

Bij veel indianenstammen werden paarden een teken van rijkdom. De Crowindianen waren beroemd om hun grote aantallen paarden, terwijl de ruiters van de Comanche- en Cheyenne-indianen befaamd werden vanwege hun fantastische rijkunsten. Het vermogen om goed met een rijdier om te kunnen gaan, zorgde voor veel aanzien in de gemeenschap en de huidige jongere generatie doet trots zijn best aan dit aspect van de tribale cultuur vast te houden. Deze Crowman rijdt zonder zadel en een minimum aan andere uitrusting; hij toont zijn rijkunst in Hardin, Montana.

TOTEM EN CLAN

Hoewel de meeste stammen geloven dat dieren en mensen aan elkaar verwant zijn (zie bladzijde 66-67), zien maar weinigen zich als rechtstreekse afstammelingen van een dierengeest of totem, een woord dat afstamt van het Ojibwajwoord odem, 'dorp'. Tribale stammen (dat wil zeggen verwante groepen of families) weten uit mondelinge overlevering hoe ze aan hun totemdier kwamen. De Hopi-indianen zeggen dat ze, nadat ze uit de aarde kwamen (zie bladzijde 41-42), besloten een naamspelletje te doen toen ze tijdens de jacht in groepen van familieleden over het land trokken. Omdat de eerste groep langs een berenskelet kwam, besloten ze zichzelf de Berenclan te noemen; een andere groep vond een nest met spinnen en noemde zich de Spinnenclan. Bij andere volken kwamen bepaalde dieren terug na hun dood en ontdeden zich van hun pels of veren om eruit te zien en zich te gedragen als mensen. Vervolgens vestigden zij hun eigen clan of dorp onder de mensen.

Vaak worden clanleden vereenzelvigd met de eigenschappen van de dieren waarnaar hun clan is vernoemd. In het verleden kozen de Winnebago-indianen bijvoorbeeld stamhoofden uit de Dondervogelclan, maar het waren de leden van de Berenclan die toezicht hielden op de gemeenschap, omdat beren waakzaam en alziend zijn. Bij de Cherokee-indianen fungeerden leden van de Vogelclan als boodschappers, die van de Hertenclan als lopers en vochten mannen van de Wolvenclan als krijgers.

Veel autochtone Noord-Amerikaanse rituelen en kunstvoorwerpen zijn weergaven van totemdieren, en voorstellingen van een clandier worden vereerd als bron van kracht. Een dierengeest kan om hulp worden gevraagd door een embleem of beeldje van het dier te bevestigen op een stuk gereedschap of wapen, of op zichzelf. De inuit graveerden afbeeldingen van wolven op harpoenen om de roofzuchtige vermogens van de wolf aan te roepen. De Crowindianen bedekten hun pijlen met de huid van ratelslangen, zodat ze snel hun doel zouden bereiken.

RECHTS Een Chilkatontwerp is abstract en gebaseerd op de totemdieren van een clan. Meestal gaat het om dekens, hemden en rituele schorten van berggeitenhaar bij de Tsimshian, Tlingit en enkele andere volken van de Noordwestkust. Dit Tlingithemd bevat voor- en zijaanzichten van de beer, die te herkennen is aan de ronde oren boven het onderste paar ogen.

ROOFVOGELS ALS BOODSCHAPPERS VAN DE HEMELGEESTEN

Roofvogels verdienen speciaal respect, en dan met name de adelaar. Door zijn aanwezigheid hoog in de lucht associëren veel mensen hem met de hemelgoden en het weer. Seizoensrituelen met adelaardansers (boven) zijn één manier om respect te tonen. Zijn snelheid, uithoudingsvermogen en uitmuntende ogen maken hem tot een vanzelfsprekend symbool van de krijger. Adelaarsveren symboliseren prestaties in gevechten, terwijl de lichaamsdelen van een adelaar (zie bladzijde 73) onderdeel kunnen zijn van een medicijnbundel of gebruikt kunnen worden als versiering van een tipi en spirituele macht kunnen overdragen op de bezitter.

HELDEN, BEDRIEGERS EN MONSTERS

De scheppers van de wereld waren vaak vaag menselijk en deels dierlijk, maar met goddelijke krachten. Na de schepping gingen meer bekende wezens het land bewonen, waardoor het begrijpelijker werd voor de mensen. Deze brengers van orde in een anders zo chaotische wereld zijn bekend als helden: creatieve wezens die hun omgeving en zichzelf kunnen veranderen, terwijl ze menselijke of dierlijke eigenschappen aannemen. Hun tegenhangers zijn de bedriegers, die ook transformeren. De bedriegers zorgen voor chaos en vormen een onvoorspelbare kracht die de mens meestal zijn eigen zwakheden laat inzien. Een populaire activiteit van de helden is het verslaan van monsters, wezens die goed en kwaad belichamen.

Deze verhalen over helden, bedriegers en monsters vormen een allegorische verklaring voor hoe de wereld werkt. Verhalen over bedriegers zijn belangrijk omdat ze lessen bevatten over gepast gedrag en respect. Helden zijn een voorbeeld voor intelligentie, vrijgevigheid en offers die gebracht worden voor het goede van de stam. De basisstructuur van de verhalen is behouden door langdurige mondelinge overlevering, maar ze worden vaak aangepast aan de behoeften van elke generatie. Helden komen in veel vormen voor en bezitten de vaak buitengewone prestaties van anders normale mensen. Een held kan bijvoorbeeld betrokken zijn geweest bij de schepping van de mens, hij kan een nieuwe technologie of een nieuw geloof introduceren of de mensen behoeden voor een ramp. Saynday, de bedrieger-held van de Kiowa, bracht de zon van de andere kant van de wereld. Zoete Medicijn gaf de Cheyenne-indianen heilige pijlen en de bizonhoed. Eenzame Man redde de Mandanindianen van een grote overstroming en zorgde voor de traditie om in het centrum van het dorp een plein te maken waarop gedanst kon worden.

LINKS Een bizon komt tevoorschijn uit de winterse mist in Yellowstone Park, Wyoming. Een kenmerk van tribale mythologie is de manier waarop deze is verstrengeld met alledaagse wezens waarvan de mensen afhankelijk waren voor hun voortbestaan. Oude Lakotaverhalen leggen uit hoe hun banden met de bizons ontstonden (zie tekst rechts).

De handelingen van cultuurhelden kunnen de loop van de geschiedenis van een stam veranderen. Witte Bizonkalfvrouw bracht de Lakota-indianen een belangrijk geschenk op een moment dat de bevolking honger leed. Twee jongemannen waren op zoek gegaan naar bizons, maar zonder succes. Terwijl ze jaagden kwam een vrouw gekleed in een witte bizonhuid op hen af. Een van de jagers realiseerde zich dat zij een heilige persoon was en vulde zijn geest met goede gedachten; de andere zag haar alleen als een mooie vrouw en strekte zijn arm uit om haar te grijpen. Een wolk bedekte hen en toen deze optrok, was er van de tweede man niets anders over dan zijn skelet. De vrouw gaf de goede jager een boodschap: ze zou de Lakota-indianen vier dagen later een heilig voorwerp brengen. Dat voorwerp was een pijp van rode steen, die volgens haar het vlees en bloed vertegenwoordigde van het bizonvolk. De steel van de pijp vertegenwoordigde alle planten die op de aarde groeiden. De rook

uit de pijp en steel vertegenwoordigde de heilige wind die gebeden naar de schepper, Wakan Tanka, brengt. Ze demonstreerde hoe de pijp aan de aarde, de hemel en de vier windrichtingen gepresenteerd moest worden. Toen ze vertrok, veranderde ze in een wit bizonkalf. Korte tijd daarna verschenen er volwassen bizons, waarop de mannen konden jagen en sindsdien bidden de Lakota-indianen met de heilige pijp.

Bedriegers zijn onvoorspelbaar, egoïstisch en gemeen en bezitten bijna altijd een paar overdreven menselijke eigenschappen. Ze duperen anderen, maar zijn uiteindelijk altijd zelf de gedupeerde. Ze kennen maar weinig waarden of normen en hebben geen controle over hun verlangens. Bijna elk dier kan een bedrieger zijn. Voor veel indiaanse volken is Coyote een geliefde bedrieger (zie bladzijde 90). De Apachen geloven dat Coyote kan praten, zich kan aankleden en gedragen als een mens, maar vaak rondrent op vier poten. Enkele stammen van de Noordwestkust hadden Marter, die altijd in de problemen kwam door zijn niet te stillen seksuele honger. Andere stammen van de Noordwestkust en het Subarctisch gebied hadden Raaf, die vooral nuttig was als hij zijn listen toepaste op andere bovennatuurlijke wezens. De Tsimshianvorm van Raaf is een meesterveranderaar die ravenkleren draagt, die hij uit kan doen om zijn mannelijke vorm te onthullen. Een aantal andere bedriegers, zoals Nanabush van de Ojibwaj-indianen (zie afbeelding bladzijde 77), kan iets gelijksoortigs doen; Nanabush is half mens, half geest en kan vermomd als mens verschijnen; hij bezit de krachten van een sjamaan en is goedwillend, al geeft hij vaak toe aan zijn gemene grillen.

Monsters zijn oprecht slecht en zorgen overal voor verstoring, leed en dood. De Abenaki-indianen zijn bijvoorbeeld bang voor Chenoo. Net als Windigo, bekend bij veel stammen uit het Grote Merengebied, is Cheenoo een kannibaal die eens mens was maar in een dier veranderde vanwege zijn hebzucht en honger. Het is bijna onmogelijk hem te doden en hij zwerft over het land op zoek naar mensen die hij kan opeten. De Kwakiutl hadden Yagim, een haaiachtige geest die kano's liet omslaan en daarna de mensen opat. Als hij uit was op wraak, kon Yagim felle stormen en enorme golven sturen om een dorp te verwoesten.

LINKS Dit schilderij van Blake Debassige, getiteld *De grote en gemene Nanabush*, toont de schepper-bedrieger die zo goed bekend is bij het Ojibwajvolk. Zijn magische oorsprong stelde hem in staat om in alles te veranderen. Hier is hij voorgesteld als een reus die de Grote Meren oversteekt. De vissen die hij draagt, dienen als voedsel en hij gebruikt de eilanden als stapstenen.

GODDELIJKE BESCHERMING EN MACHT

Ook de autochtone Noord-Amerikanen zoeken naar de verzekering van bescherming en succes. Voor sommigen komt deze in een droom of visioen door de onthulling van een specifiek embleem dat op een voorwerp geschilderd moet worden, zoals dit schild met een vrouwelijke beer die haar jong beschermt (rechts). Anderen geloven dat observatie van de wereld kennis zal onthullen waardoor mensen beheersing over hun lot zullen verkrijgen. Deze redenering gaat schuil achter bepaalde machtsobjecten, zoals beeldjes die in de hand gehouden kunnen worden. De Zuni-indianen snijden deze in de vorm van voorouderlijke dieren en roepen hun geesten aan voor bescherming en heling. (Boven, met de klok mee vanaf linksonder: een das, beschermer van het zuiden; een kikker, brenger van regen; een slang, jager op gevaarlijke dieren; een bergleeuw, beschermer tegen verrassingsaanvallen.)

DROOMREIZEN

Veel indianen beschouwen dromen (een band met de wereld der geesten) als een verlengstuk van het dagelijkse leven. In tegenstelling tot visioenen, waarnaar gezocht wordt en die moeten worden opgewekt (zie bladzijde 118-119), komen dromen als iemand slaapt en de ziel vrij rondwaart. Dromen kunnen relateren aan een individu of gaan over kwesties die de stam aangaan. Ze kunnen een bron van spirituele kracht zijn, een onthulling van wijsheid of zelfs een toekomstvoorspelling.

In een droom kan iemand een lied leren dat gezongen moet worden tijdens rituelen of in tijden van gevaar en spanning. Dromen kunnen waarschuwen voor bepaald voedsel of bepaalde activiteiten, voor een aanval van heksen of informatie geven over de manier van beschermen. Voor de Washo-indianen van het Grote Bekken kan een man die droomt over konijnen of antilopen een groot jager worden. De eerste tekenen dat een Washo-indiaan voorzien gaat worden van sjamanistische krachten komen doorgaans ook in een reeks dromen, waarin meestal een dier als een uil of beer voorkomt. De Washo willen geen sjamanen worden en deze dromen zijn dan ook vaak ongewenst. De meeste dromers weigeren de sjamanistische vermogens aanvankelijk, maar als ze deze eenmaal aanvaarden, bevatten hun dromen instructies voor het genezen of het aanroepen van geesten. Ze ontvangen deze instructies van een wegaleyo, een geest.

LINKS 'Droomvangers' schommelen in de wind in Monument Valley. Hoewel de oorsprong van deze voorwerpen veel noordelijker, bij de Ojibwaj-indianen, ligt, zeggen sommige Navajo's dat de webben van de Spinnenvrouw hun inspiratiebron vormen (zie bladzijde 100-101). Droomvangers worden meestal boven een bed gehangen. Het web houdt de boze dromen tegen, terwijl het kleine gat in het midden alleen de goede gedachten toelaat tot de geest van de slaper.

De Huronindianen uit het Noordoosten geloofden dat er maar weinig verschil was tussen de wereld van alledag en die van de droom. Dromen werden gezien als werkelijkheid, omdat de ziel het lichaam tijdens de slaap zou verlaten en naar de plaats zou gaan waar dat wat gedroomd werd werkelijkheid was. De dromer kon informatie, instructies en boodschappen krijgen of zelfs de toekomst zien. Als de dromer geen aandacht besteedde aan de droom, zou de ziel boos worden en zorgen voor ziekte en ongeluk. De Huronindianen letten daarom extra goed op de dromen die ze hadden vlak voor de jacht, het vissen, handelen of oorlog voeren. Ze hechtten zo veel waarde aan dromen als sturing voor het dagelijkse leven dat de eerste jezuïeten die in contact kwamen met de Huronindianen, de dromen beschouwden als de belangrijkste god van de stam. Soms werd aan de adviezen die in dromen waren gegeven meer waarde gehecht dan aan de adviezen van het stamhoofd. Maar niet alle dromen werden als betrouwbaar opgevat: vertrouwen in de droom van iemand was afhankelijk van zijn of haar sociale status en hoeveel eerdere dromen persoon waren uitgekomen.

SACRALE GEMEENSCHAPPEN

Autochtone Noord-Amerikaanse sacrale gemeenschappen waren gecentreerd rond heilige wezens, objecten, rituelen of idealen en overstegen vaak de familiebanden. De sociale identiteit van een persoon werd ontleend aan het lidmaatschap van de gemeenschap. De gehele cultuur beschouwde de plichten van de sacrale gemeenschap als essentieel voor het voortbestaan van het geheel.

De aard en plichten van een sacrale gemeenschap konden net zo gevarieerd zijn als de taken die werden uitgevoerd. Sommige gemeenschappen werden gebruikt om de jeugd te onderwijzen en te zorgen voor sociale controle. De oostelijke Cherokee-indianen verbonden hun politieke activiteiten aan de cyclus van belangrijke religieuze ceremoniën. De tribale leiders van de Witte Vredesorganisatie vormden een burgerlijk en religieus tribunaal, regelden huwelijken en scheidingen, en leidden jongens op tot jagers. Ook zorgden zij voor de rituele cyclus van enkele maïsceremoniën en de Verzoenings-, Nieuwe Maan- en Gebonden Struikceremoniën. Leden van de Irokese Vals Gezichtgemeenschap (zie bladzijde 83) speelden een belangrijke rol als helers die ziekten konden weg zingen.

De kracht van een sacrale gemeenschap stamde af van de geestenwereld. Het masker van een Vals Gezichtheler had altijd dezelfde vorm, maar bezat wel onderscheidende eigenschappen die afhingen van de dromen en verbeelding van de drager. Deze interactie met andere krachten is in heel autochtoon Noord-Amerika te vinden. Bij bepaalde Mandanrituelen deden spirituele wezens daadwerkelijk mee aan ceremoniën in de vorm van menselijke imitators. Bij enkele Kwakiutl-initiatieceremoniën waren geesten aanwezig in de vorm van poppen. De rituelen die een gemeenschap uitvoerde, waren vaak bedoeld om zegeningen te verkrijgen voor de hele stam. Leden van de Cherokee Boogergemeenschap dansen om de kwetsbare harmonie van het Cherokeevolk met zijn omgeving te behouden.

RECHTS Deze man behoort tot de Vals Gezichtgemeenschap en poseert voor een gereconstrueerd Irokees berkenbasten langhuis. Zijn masker heeft de karakteristieke verdraaide neus van de legendarische reus die de schepper uitdaagde voor een krachtmeting en verloor. Leden van de Vals Gezichtgemeenschap waren helers die as en tabak gebruikten bij rituelen, terwijl ze tegelijkertijd met ratels van schildpadschilden schudden om de oorzaak van de ziekte te verjagen.

WAAR *MANITOUS* HUIZEN

Voor de volken van het Noordoosten en de Grote Meren heetten de machten van de natuur *manitous* en ze waren overal aanwezig. Ze varieerden qua karakter van goedgezind tot levensgevaarlijk. Mensen leerden al op jonge leeftijd over de *manitous* en door de lessen van de ouderen en hun eigen dromen leerden ze de vele krachten van de geesten te begrijpen.

Een dergelijk geloof maakte de grote gebieden van dichtbegroeide bossen tot potentieel gevaarlijke plaatsen die galmden van geheimzinnigheid. De bossen konden echter niet vermeden worden aangezien ze zo rijk aan planten en.dieren waren dat ze een volk het gehele jaar van voedsel konden voorzien.

De verst verwijderde *manitous* waren hemels en leefden hoog in de lucht, terwijl sommige net onder hen leefden als de geesten van de vogels. Veel *manitous*, inclusief enkele van de ergste, leefden in de vele meren en beken van het gebied. De aardse *manitous* woonden vaak in de vreemde elementen van het landschap, zoals deze rotsachtige dagzoom in de Shawangunk Mountains in de staat New York, die uitziet over een dichtbegroeid bos. De *manitous* die leefden in de verboden duisternis onder de bomen, hadden de leiding over de dieren en konden als dusdanig de jagers helpen of hinderen. Gevaar school ook in de kwade *manitous*, zoals Windigo, het kannibaalmonster dat zich verstopte in afwachting van de onwetende reiziger.

SACRALE VERANDERING

Syncretisme is het proces van vermenging of kruising van religies wanneer culturen samenkomen. Al voor het Contact vond er in het autochtone Noord-Amerikaanse leven syncretisme plaats, zoals te zien is aan de langzame verspreiding van de Zonnedans over de Centrale Laagvlakte. Toen de kolonisten het christendom brachten, werd het syncretisme echter abrupt en onvermijdelijk. Missionarissen deden erg veel moeite om het gedrag en geloof van de indianen te veranderen, waarbij men kinderen dwong zich christelijk te gedragen en bepaalde autochtone ceremonieën verbood, zoals de vleesoffers van de Zonnedans bij de Lakota-indianen.

LINKS Het silhouet van een autochtone Noord-Amerikaanse man met vlechten bij een kerkklok en kruis in de schemering van New Mexico. Spaanse missionarissen hadden in de zestiende en zeventiende eeuw veel invloed in het Zuidwesten. Vandaag de dag praktiseren veel bewoners van de pueblo's een syncretische mengeling van hun eigen autochtone religie en het katholicisme. Zo viert elke pueblo de feestdag van zijn patroonheilige door uitvoeringen van autochtone ceremoniële dansen.

Sommige missionarissen zagen wel in dat het autochtone idee van een 'grote geest' leek op dat van de christelijke God en zij probeerden het ene geloof in het andere op te nemen. Bij de Seneca-indianen van de Irokese Confederatie bestond in de late achttiende eeuw de Handsome Lakebeweging. Dit was een combinatie van traditionele religie en quakerspraktijken. In de messianistische Geestendansbeweging, op de Centrale Laagvlakte en het Plateau, raakten christelijke beelden van het einde van de wereld verstrengeld met tribale geloofsuitingen. De Native American Church begon in de negentiende eeuw en raakte tegen het midden van de twintigste eeuw wijdverbreid over de Centrale Laagvlakte. Tribale geloofsuitingen, christelijke voorstellingen en de licht hallucinerende peyotlcactus kwamen samen in 'peyotlbijeenkomsten'. Deze werden vaak 's nachts gehouden in een tipi en er werd van zowel christelijke objecten (bijbels en crucifixen) als tribale elementen gebruikgemaakt.

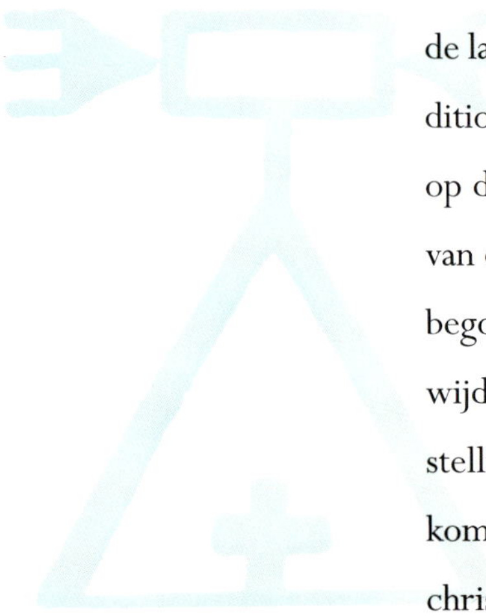

LINKS Dansers bij de San Ildefonso Pueblo in New Mexico dragen karakteristieke, bewerkte hoofddeksels en kleurige mantels om deel te nemen aan de 'Los Matachines', een dansdrama dat de strijd tussen goed en kwaad uitbeeldt. Hoewel puebloverhalen vertellen dat het theaterstuk zijn oorsprong kent in Mexico, bij de Aztekenleider Montezuma, was het zeer waarschijnlijk gebaseerd op de zinnenspelen van middeleeuws Spanje. Deze waren waarschijnlijk in de zestiende of zeventiende eeuw naar New Mexico gebracht door Spaanse franciscanen.

SYMBOOL, MYTHE EN KOSMOS

LINKS **Deze oude petroglief in de Galisteo Mountains, New Mexico, stelt een krijger voor met een schild dat is gedecoreerd met motieven. De cirkel en dat wat lijkt op vier richting-symbolen kunnen verwijzen naar de noties van tijd en ruimte.**

RECHTS **Een Navajokleed met yei-figuren: onzichtbare aardgeesten die zich gedragen als bemiddelaars tussen de mensen en hun schepper. Ze hebben ook de controle over natuurlijke krachten als dag en nacht en wind en regen.**

De vele Eerste Volken van dit enorme land hebben veel van hun sacrale geschiedenis en wijsheid met elkaar gemeen. Bepaalde thema's blijven terugkomen – van scheppingsverhalen tot het aandeel van natuurlijke cycli in het indiaanse wereldbeeld. Interactie met de omgeving en al haar levensvormen, in de vorm van voedsel, ruwe materialen, landbouw, jacht enzovoort, heeft het indiaanse leven, de wooncultuur, de artistieke praktijken en de decoratieve technieken fundamenteel bepaald. Het resultaat is een onderling afhankelijke en verbonden kosmos waarvan de rijkdom en verscheidenheid worden gevierd om ervoor te zorgen dat dingen blijven bestaan in hun cyclus.

AARDEDUIKERS EN WERELDMAKERS

De verhalen van de autochtone Amerikaanse mythologie zijn gevuld met krachtige metaforen, op mensen gelijkende dieren, seksuele vereniging, conflicten, vreugde, moeilijke tijden, respect en het hele scala aan menselijk gedrag en emoties in een poging de wereld te begrijpen.

Sommige stammen geloven dat het begin een objectloze leegte was en dat de handelingen van de goden de wereld zijn bestaan gaf. De Apachen geloven bijvoorbeeld dat Zwarte Wind de aarde maakte, dat Gele Wind haar licht gaf, terwijl andere geesten de geografische elementen van de wereld en leven creëerden. Er zijn stammen die geloven dat de wereld altijd heeft bestaan, maar dat het hem aan definitie ontbrak tot een Schepper of Grote Geest handelde. Voor de Shasta-indianen was deze figuur Oude Man Boven, die naar beneden kwam via een gat in de hemel om de wereld te maken. Hij bracht zon die de sneeuw en het ijs liet smelten om de wateren te maken. Volgens sommige stammen onderging de aarde fundamentele veranderingen door de handeling van een held of bedrieger (zie bladzijde 74-76), meestal een dier. Zo bevat het scheppingsverhaal van de Nez Percé-indianen Coyote. Nadat hij een vreselijk monster had overmeesterd, besloot hij dat te vieren door de mens te creëren. Hij strooide stukken van het monsterlichaam rond en op elke plaats waar een stuk viel, ontstond een indianenstam. Toen Vos Coyote erop wees dat hij geen stam had gecreëerd op de plaats waar hij het monster had verslagen, was hij verdrietig omdat hij geen lichaamsstukken meer had. Hij liet het bloed van zijn handen op de grond druppelen en zei: 'Hier maak ik de Nez Percé-indianen; hoewel met weinigen zullen ze sterk en zuiver zijn.'

In mythen over aardeduikers is er geen droog land, alleen water. Een bekend dier wordt gevraagd onder water te duiken en modder mee te brengen van de bodem, waarvan dan de wereld werd geschapen. De Arapaho-indianen vertellen hoe een oude man, Platte Pijp, het zat was om steeds in het water te zijn en daarom een stel eenden om hulp vroeg. Ze doken naar de bodem en brachten in hun snavels wat modder naar boven. Het was echter niet genoeg. Toen kwam Schildpad voorbij. Opnieuw vroeg Platte Pijp om hulp en de schildpad bracht genoeg modder naar boven. Zo ontstond het droge land. Ook de muskusrat en bever zijn veelvoorkomende aardeduikers omdat ze modder uit de rivierbedding gebruiken om hun burchten te bouwen.

LINKS Een Cheyenneschild van schapenleer waarop een heilige schildpad staat afgebeeld. Schildpadden komen veel voor in aardeduikerverhalen. Sommige Cheyenne-indianen zeggen dat de zware last van de oermodder die Schildpad op zijn rug moest dragen ervoor heeft gezorgd dat hij zich zo langzaam voortbeweegt. Als gevolg daarvan symboliseert de schildpad vaak geduld.

CIRKEL VAN TIJD

De cirkel is alom aanwezig in autochtoon Noord-Amerika en symboliseert 'verbondenheid' of de sacrale eenheid van alle dingen. De tijd zelf wordt gezien als circulair (zie bladzijde 50-53) en de verschillende cycli van de natuur zijn het bewijs van de eeuwig voortdurende cirkel van het bestaan. Elke dag volgt een cyclisch ritme: de zon komt op, trekt langs de hemel en verdwijnt aan de andere kant achter de horizon, waarna de maan en sterren verschijnen. De hemel verandert, maar met een verbazingwekkende regelmaat. De stammen van de Centrale Laagvlakte laten dit zien in de vorm van medicijnwielen die de beweging van de hemellichamen weerspiegelen. Deze grote steencirkels (zie bladzijde 49) zouden belangrijke hemelse gebeurtenissen aangeven.

De meeste stammen hebben een ceremoniële cyclus die de eindeloze herhaling van de seizoenen weergeeft: lente, zomer, herfst en winter (zie bladzijde 53). De stammen hebben hun eigen methoden om de belangrijkste seizoensveranderingen aan te geven. De oude Anasazi uit het Zuidwesten beitelden bijvoorbeeld spiralen in rotswanden. Sommige archeologen menen dat schaduwen of licht op een bepaald deel van deze spiraal de beste tijd om te planten aangaf. De Hopi-indianen kiezen een menselijke 'zonnekijker' die elke dag de stand van de zon observeert. Zo kan hij aan de hand van de laatste winterzonnewende berekenen wanneer de laatste vorst van het jaar zal komen. Sommige stammen uit het Noordwesten gebruiken het paaien van de zalm als seizoensmarkering, andere het rijpen van de vruchten van de kandelaarcactus kijken. Bij de Lakota-indianen hebben deze observaties geleid tot de benoeming van enkele maanden: zo is de maand juli 'Maan van de rijpende kersen'. Bepaalde dieren, zoals de slang die regelmatig een nieuwe huid krijgt, worden eveneens geassocieerd met vernieuwing.

Het leven van eenieder is gelijk aan de cirkel van geboorte, groei, volwassenheid, dood en regeneratie. Autochtone Noord-Amerikanen geloven dat niets ooit eindigt. Integendeel, wanneer levende wezens een cyclus completeren, verhuizen ze naar het 'verleden' – ze verblijven 'ergens daarbuiten', innerlijk en dichtbij.

LINKS **Deze spiraalvormige mand van de Cahuilla-indianen uit Californië symboliseert door zijn spiraalvorm en het ratelslangmotief de eindeloze natuurlijke cyclus van dood en vernieuwing. Veel stammen in Californië associëren de ratelslang met een lang leven en vernieuwing.**

Het belang van de cirkel van tijd wordt weergegeven in de vele spiralen en cirkels die te zien zijn in de kunst en architectuur van de autochtone Noord-Amerikanen. Zelfs woonhuizen waren vaak rond, of het nu ging om een met huiden bedekte tipi van de Blackfootindianen, een aarden hut van de Hidatsa-indianen of een met gras bedekte hut van de Wichita-indianen. De cirkel is vooral van belang in het rituele leven. In de hutten van de Mistassini Cree-indianen geven jagers op koude winteravonden grote handtrommels aan elkaar door, waarmee ze persoonlijke dankliederen begeleiden voor de dieren die hun leven aan de mensen hebben gegeven. Tijdens de inpi van de Lakota-indianen, een zweethutceremonie, zitten de deelnemers in een ronde hut. Tijdens de gezangen en gebeden wordt een kleine, ronde handtrommel doorgegeven. Bij een powwow betreden dansers de arena en bewegen in cirkels op de dansvloer. Alle groepen zangers en hun trommels vormen uiteindelijk een kring rond een grote, ronde trommel die op een verhoging staat. De liederen worden regelmatig geaccentueerd door drie of vier 'ereslagen' op de trommel.

Intertribale dansen zijn meestal 'rondedansen' waarbij de dansers elkaars handen vasthouden en in een cirkel of spiraal voortbewegen die naar het centrum gaat en weer terug. In een dans die vernieuwing symboliseert, gebruiken hoepeldansers een of meerdere hoepels die ze rond hun armen, benen of hals laten draaien terwijl ze al dansend figuren maken als de zon, de maan en dondervogels.

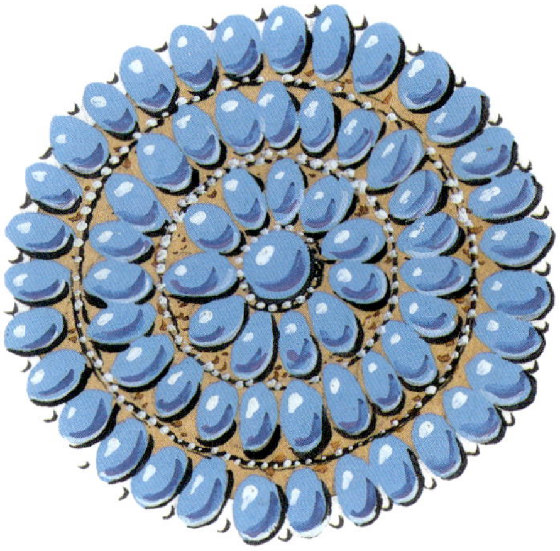

DE VERENIGENDE CIRKEL

De leven schenkende zon is een schijf, terwijl een kiezelsteen die in het water wordt gegooid een cirkelvormige rimpeling veroorzaakt. Bij de autochtone Noord-Amerikanen symboliseert de cirkel balans, eenheid en vernieuwing. De cirkel is een artistiek motief dat herhaaldelijk te zien is, bijvoorbeeld in de oudste rotskunst op het continent – deze prehistorische Chumashrotsschildering (boven) is het werk van een rituele specialist – maar ook in traditioneel mandwerk, sieraden (links- en rechtsboven) en modern kralenwerk (zie bladzijde 95).

DE HEILIGHEID VAN HET KUNSTENAARSCHAP

Traditionele autochtone Noord-Amerikaanse kunst speelt een erg belangrijke rol voor de mensen. Ze weerspiegelt de maatschappij waarin de kunstenaar leeft en zijn of haar individuele creativiteit. Maar ze bevat meer dan dat. Voor indianen representeert kunst de aarde en al haar inwoners door de materialen die zijn gebruikt en de rijke religieuze symboliek die inherent is aan de geschiedenis van elke cultuur. Autochtone Noord-Amerikaanse kunst geeft mensen een manier om contact te maken met het sacrale.

De inspiratie voor kunst is vaak een spirituele ervaring. Een droom kan bijvoorbeeld de vormgeving onthullen van een schild of onderdelen van de uitrusting van een danser. De symbolen en patronen die veel autochtone voorwerpen sieren, worden niet enkel als representaties gezien. Een hert dat in de wand van een pot is gekerfd, wordt gezien als een *echt* hert; een orka geschilderd op een planken huis is voorzien van de geest van het roofdier en een cirkel en kruis kunnen de gehele kosmos *zijn*. Hoewel alle traditionele Noord-Amerikaanse kunst de wereld weerspiegelt en religieuze betekenis heeft, kan ze ook een zuiver esthetische betekenis hebben. De beste kunstenaars en ambachtslieden staan in hoog aanzien en genieten een groot sociaal prestige.

Autochtone kunst is opvallend divers. Vezels van planten en bomen worden tot manden geweven; dierenhaar wordt gesponnen en tot stoffen en dekens geweven, en klei verandert in potten en vazen die zijn ingekerfd of beschilderd. Stenen, beenderen en hout worden uiterst verfijnd bewerkt. Sieraden kunnen gemaakt zijn van kralen, bont, metaal, beenderen en kleurige stenen. In bepaalde mate bepaalt het medium de inhoud en vorm van de kunstvoorwerpen. Geometrische motieven zijn het eenvoudigst te verwerken in mandwerk, kralenwerk en weefkunst, terwijl keramiek, snij-

werk en schilderkunst een groter naturalisme toestaan. Kunstenaars uit het Noordoosten gebruiken elandhaar, stekels van het stekelvarken en kralen om prachtige florale patronen te maken. Een realistische voorstelling van de natuur is echter niet altijd de culturele norm. Dit is het geval bij de stammen van de Noordwestkust, voor wie een gestileerde weergave van het karakteristiekste element van een dier (zoals de rugvin van een orka of de snavel van een raaf) belangrijker is dan een realistische voorstelling (zie bladzijde 18-19). In de potten van het prehistorische Mimbresvolk uit het Zuidwesten zijn geometrische decoraties gebruikt rond gestileerde dier- en mensvormen. Hedendaagse kunstenaars gebruiken de oude Mimbresmotieven op verschillende nieuwe manieren en decoreren zo tal van voorwerpen, van aardewerk tot tegels.

Sommige culturen leggen kunstenaars beperkingen op. Zo kan het leden van een bepaalde clan worden verboden motieven van een andere clan te gebruiken, of om de totem van hun eigen clan voor te stellen. Vrouwen mogen soms niet met bepaalde materialen werken die als ritueel verontreinigend of gevaarlijk bekendstaan, zoals bloed, pels en botten van de beer. Van zowel mannen als vrouwen wordt verwacht dat ze in bepaalde, voor hen geschikte kunstvormen actief zijn – een verdeling van werk naar geslacht die soms in de loop van de jaren veranderd is. In de pueblo's van voor de Contactperiode hielden mannen zich doorgaans bezig met het maken van aardewerk. Nu zijn het de vrouwen die zich daarmee

LINKS Deze kan met een geometrisch patroon werd gemaakt door het oude Chaco Anasazivolk. Hedendaags aardewerk uit het Zuidwesten heeft nog steeds de karakteristieke zwart-op-witdecoraties. Dit volk zette hiermee een eeuwenoude traditie voort die werd begonnen door de culturen van de Anasazi- en Mimbresindianen. Modern zwart-op-witaardewerk wordt veel gevonden bij de westerse Keresansprekende pueblo's en hun buren, de Zuni-indianen.

bezighouden en ze worden hoog geacht vanwege hun fijnzinnige keramiek, die geëtst, beschilderd of gebrand kan zijn en uitgevoerd is in kleuren die variëren van bruintinten tot natuurlijke roodtinten en crème, zwart en wit. In een gebied dat wordt bewoond door landbouwers worden vazen en potten gemaakt van de meest basale elementen van de aarde en ze bevatten meestal zaden en water. Het handwerk versterkt de band tussen de cultuur en haar omgeving.

Elk cultuurgebied heeft zijn eigen kunstvormen omdat de lokale omgeving voorziet in specifieke ruwe materialen en de inspiratie voor decoraties. Langs de Noordwestkust, met zijn grote cederbossen, maken houtsnijders totempalen en maskers met gestileerde voorstellingen van zeedieren. Kunstenaars van de Laagvlakte gebruiken op fantastische wijze huiden, kralen, veren en stekels om bizons, antilopen en

ONDER Door de ruit- en drietandsymbolen op deze zadeltas van kralen zien we dat hij afkomstig is van een cultuur van de Centrale Laagvlakte. Geometrische vormen worden vaak gebruikt in autochtone kunst om heilige geesten of gebeurtenissen te symboliseren.

andere graslanddieren voor te stellen. Inuitkunstenaars veranderen beenderen en ivoor in realistische figuurtjes van zeehonden, ijsberen en andere pooldieren, terwijl vrouwen van de Huron- en Micmacindianen en andere stammen uit het dichtbegroeide Noordoosten en het gebied rond de Grote Meren de stekels van het stekelvarken gebruiken om voorwerpen te decoreren met florale motieven.

In het Zuidwesten wordt de weefkunst al duizenden jaren gepraktiseerd. De Navajovrouwen worden geroemd om hun weefkunst (zie bladzijde 100-101). Ze leerden de kunst tussen 1500 en 1800 van hun puebloburen en hebben haar voortdurend aangepast, niet alleen om aan de vraag te voldoen, maar ook om aan te sluiten bij de Navajofilosofie over verandering, transformatie en vernieuwing.

Autochtoon Noord-Amerikaans handwerk is altijd gemakkelijk aan te passen geweest Toen na het Contact felgekleurde kralen beschikbaar kwamen, vervingen ze stekels of werden ermee gecombineerd tot complexe patronen. En de nieuwe verfstoffen veranderden de kleuren. Vandaag de dag kan op de Centrale Laagvlakte kralenwerk met een traditioneel thema worden toegepast op een honkbalpetje. Meskwakimannen en -vrouwen zijn gespecialiseerd in applicatiewerk, waarbij glanzende stoffen de florale motieven vervangen die ze eens maakten van kralen en stekels. Deze aanpassingen zijn typisch voor de manieren waarop autochtone artistieke tradities zijn uitgebreid door de komst van nieuwe media, materialen en technieken die zijn ontleend aan de kolonisten. Sommigen beweren dat de hedendaagse autochtone kunst haar spirituele hart heeft verloren door de productie van niet-traditionele vormen en thema's. Indiaanse kunst is echter in eerste instantie spiritueel en aanpassingen zijn de reacties van kunstenaars op de nieuwe uitdagingen waarmee de autochtone mensen in hun leven te maken krijgen.

BOVEN Een klassieke 'opperhoofddeken' van de Navajo's. Dergelijke fraaie voorwerpen werden in de negentiende eeuw verhandeld in het Zuidwesten en op de Centrale Laagvlakte. Weven is een sacrale activiteit voor de Navajovrouwen, die geloven dat een mythische vrouwelijke voorouder, Spinnenvrouw (zie bladzijde 100-101), het universum weefde van sacrale materialen in de kosmos.

DE SPINNENVROUW

Spider Rock steekt bijna 245 meter uit boven Canyon de Chelly in Arizona. In een grot boven op deze rots zou Spinnenvrouw wonen, een zeer geëerde god van de Navajo's. Met haar enorme bovennatuurlijke krachten beschermde ze de Navajo's eens toen ze op de wereld kwamen. Haar echtgenoot creëerde voor haar een weefgetouw van elementen uit de kosmos en op dit weefgetouw leerde Spinnenvrouw de mensen hoe ze konden weven.

Spinnenvrouw vormt een verbinding tussen de Navajomythologie, het landschap, het goddelijke geschenk van het kunstenaarschap en de dagelijkse cultuur. Navajokinderen geloven nog steeds dat Spinnenvrouw geïnformeerd wordt door Sprekende God over mensen die zich misdragen en ze denken dat ze worden weggesleept naar Spider Rock en door haar worden opgegeten als ze stout zijn.

Historisch gezien leerden de Navajo's de weefkunst van de pueblo-indianen, die al generaties lang met katoen hadden gewerkt. Navajovrouwen begonnen serieus te weven in de zeventiende eeuw en maakten gebruik van de wol van schapen die door de Spanjaarden waren geïmporteerd. De Navajowevers hebben inmiddels internationale erkenning voor hun weefkunst gekregen.

In de begindagen van de commerciële weefkunst maakten de vrouwen een klein gat in het midden van hun werk als eerbetoon aan het spinnenweb. Maar toen de handel steeds belangrijker werd, werd deze traditie vervangen door een 'spirituele uitgang' (een dunne weeffout vanuit het midden naar de rand). De weefkunst blijft een belangrijk onderdeel van het leven van de Navajovrouwen. De traditionele cultuur vereist dat jonge meisjes op hun toekomst worden voorbereid door een spinnenweb op hun handen en armen te wrijven.

GEESTENWERELD

Het rijk van de autochtone Noord-Amerikaanse geesten weerspiegelt het rijk van de mensen. Voor de meeste stammen bestaat het domein van de geesten uit plaatsen, planten en dieren. De verschillende geestenwerelden zijn parallelle universums die even echt zijn als de aarde, maar die vaak als enigszins vormeloos worden voorgesteld. Geestenwerelden zijn het duidelijkst zichtbaar in de scheppingsverhalen, maar kunnen ook worden opgevangen in visioenen en de symbolische structuur van rituelen. Bepaalde individuen, bekend als sjamanen of heilige mensen (zie bladzijde 114-117), zouden speciale vermogens bezitten waarmee ze toegang krijgen tot de geestenwereld. Stammen van de Noordwestkust, het Poolgebied en het Subarctisch gebied geloven dat door sjamanen van energie voorziene poppen direct in contact staan met de geestenwereld. Het geloof in deze andere rijken is belangrijk omdat de wereld van de mens anders onbegrijpelijk zou zijn.

De hemel wordt bevolkt door mythische figuren en wordt gezien als een parallelle structuur – zo komt hij voor in veel indiaanse scheppingsverhalen (zie bladzijde 40-43). Soms moet de hemel in contact worden gebracht met de aarde. De Zuni-indianen geloven dat Moeder Aarde en Vader Hemel in het begin gemeenschap hadden in de oerwateren. Toen zij groter groeide door haar nakomelingen scheidde Moeder Aarde van Vader

RECHTS Een houten 'sjamaanpop' van de Tanaina uit Cook Inlet, Noordwest-Canada. Deze poppen zijn doorgaans gekleed als mensen en zouden een eigen leven hebben. Bij de Yugukindianen in West-Alaska wordt dit type pop van energie voorzien door sjamanen, die ze op een geheime locatie in een boom plaatsen en ze in de loop van het jaar om raad vragen. De pop gebruikt zijn connectie met de geestenwereld om de sjamanen te vertellen waar wild te vinden is.

Hemel en liet zich onder water zakken. Wanneer zij verenigd zijn, wordt verkeer tussen hemel en aarde mogelijk. Dieren als de dondervogel kunnen zich tussen beide werelden bewegen.

Voor de Lakota-indianen vormen de Zwarte Heuvels en de nabijgelegen Badlands (zie bladzijde 40-41) een spiegelbeeld van de geestenwereld. De Lakota's geloven dat er op een gegeven moment geen heuvels waren op de grote, ongerepte Laagvlakte. Het was een chaotisch gebied waar mensen en dieren op elkaar jaagden. Mensen veranderden dit door alle dieren op te roepen deel te nemen aan een race op een cirkelvormig pad dat was aangegeven in de vlakke grond. De uitzinnige dieren renden zo vaak rond dat hun stampende poten niet alleen de geesten verstoorden maar er ook voor zorgden dat het pad in de Laagvlakte verzonk. Deze 'racebaan' is nog steeds te vinden rond de heuvels. De grond binnen de cirkel kwam omhoog en vormde bergen die uiteindelijk stenen en stof uitspuwden, waardoor vele dieren stierven, inclusief de Unkcheghilareuzen, van wie nog steeds enorme botten te vinden zijn in de Badlands. De mensen overleefden en verwierven zo het recht op andere dieren te jagen. De heuvels bleven bestaan om de mensen eraan te herinneren dat zij onbeduidend zijn in vergelijking met de bewoners van de geestenwereld.

Soms bouwen autochtone Noord-Amerikanen hun huizen zelfs als replica of symbool van de kosmologie van hun volk. Zo worden de hutten van boomschors van de Ojibwaj-indianen gezien als een bol die door verschillende lagen wordt doorsneden. De helft van de hut is niet te zien omdat deze in de onderwereld ligt. De helft die bewoond wordt, weerspiegelt wat zij zien, omdat zij op de laag leven die de bol splitst, dat wil zeggen op de grond. Maar boven hen strekt zich het onzichtbare levenspad uit dat niet alleen de hemelen weerspiegelt maar ook het eeuwige pad, dat mensen volgen als zij hun bestaan op aarde achterlaten en hun laatste tocht ondernemen naar de geestenwereld (zie bladzijde 132-134).

JAGERS EN PROOI

Autochtone Noord-Amerikanen geloven dat dieren begrijpen dat de mens alleen kan overleven door hen op te eten en hun huid als pelzen te gebruiken. In ruil voor dit offer willen dieren geëerd worden en ze houden nauwlettend in de gaten hoe ze door mensen behandeld worden. Een gevolg is het grote aantal rituelen rond de speciale relatie tussen jagers en hun prooi.

De Mistassini Cree-indianen besteedden veel aandacht aan het tonen van hun respect voor dieren. De machtigste geesten, zoals die van de beer, verdienden een bijzondere behandeling. Als een beer werd gedood, werden zijn botten op een platform in een boom geplaatst, zodat honden en aaseters er niet bij konden. De Cree-indianen vereerden ook kleinere prooidieren, zoals bevers en konijnen, door de schedels en voeten van de gedode dieren in bundels bijeen te binden, die ze aan bomen hingen. (Deze tradities hadden ook een ecologisch nut: door het aantal platforms en bundels konden de jagers bijhouden hoeveel dieren ze gedood hadden.)

Jachtrituelen moesten in tijden van nood prooi lokken. Op de Laagvlakte probeerden stammen in tijden van schaarste de bizon te roepen door middel van een rituele dans. De Mandanindianen boden de kop van een dode bizon schalen met eten aan in de hoop dat dit teken van vrijgevigheid de bizon zou aanmoedigen zich aan de jagers te geven. Jagers van diverse stammen van de Laagvlakte zongen liederen of toonden beeldjes om de bizon te lokken. Pueblo-indianen riepen herten op middels een ritueel waarbij mannen hertenkostuums droegen, zich als de prooi gedroegen om vervolgens te worden 'gedood'.

Soms werden extra rituelen of handelingen uitgevoerd die waren gebaseerd op speciale banden of beloften aan een specifieke diersoort. Een jager kan bijvoorbeeld beloven alleen in bepaalde seizoenen te jagen of een speciaal gebed op te zeggen wanneer hij een dier doodt.

RECHTS Deze ketting, bestaande uit de klauwen van een grizzlybeer, werd gemaakt door de Meskwaki-indianen in de uitlopers van de Centrale Laagvlakte en rond de Grote Meren. Ze werd gedragen door een jager als onderscheidingsteken. Het was een zeldzame eer een dergelijk object te mogen dragen en kon gewonnen worden door het tonen van moed bij de ontmoeting met de gerespecteerde berengeest.

TERUGKEER VAN HET BIZONVOLK

'Jij, oh bizon, bent de aarde! Laat ons dit begrijpen!' Deze woorden uit een zonnedansgebed van de Lakota tonen zonder twijfel het belang van *tatanka*, het Lakotawoord voor bizon. De Amerikaanse bizon was de levensbron voor veel stammen van de Laagvlakte. Bizons waren een van de eerste diersoorten waarop de oorspronkelijke bewoners van het continent jaagden; deze dieren zorgden ervoor dat de indiaanse volken generaties lang konden overleven. De *tatanka* leek oneindig veel producten te leveren: vlees; huiden die konden worden verwerkt tot mantels en *tipi*-bedekking; van de hoorns werden lepels gemaakt; de blaas diende als waterzak; en van de pezen maakte men bogen.

Op de onmetelijke graslanden van de Laagvlakte concentreerden stammen veel van hun cultuur rond dit enorme beest, dat diende als een van hun heiligste geesten. Er waren ceremoniën rond de bizon, van het aanroepen om gejaagd te worden tot de figuur van de Witte Bizonkalfvrouw (zie bladzijde 75-76).

Kudden bizons waren eens zo omvangrijk dat de grond denderde onder je voeten wanneer ze langskwamen. Aan het einde van de jaren tachtig van de negentiende eeuw hadden commerciële jagers het dier echter bijna helemaal uitgeroeid. De op de bizon gebaseerde levensstijl van de nomadische indianen van de Laagvlakte kwam ten einde. De indianen en de bizon hebben echter overleefd. Veel stammen fokken nu kudden op hun grondgebied – zoals deze groep in Custer State Park in de Zwarte Heuvels. We kunnen zeggen dat het bizonvolk is teruggekeerd.

HET VERZAMELEN VAN DE OVERVLOED VAN DE AARDE

Moeder Aarde voorzag indianen van wonderbaarlijke geschenken, zelfs in een schijnbaar moeilijke omgeving. Jagers konden aan wild komen als zij vaardig waren en geluk hadden, maar voor de meeste autochtone volken vertegenwoordigden planten de voedselbron bij uitstek.

LINKS Deze Hopimuurschildering bevat een reeks elementen die de landbouw, de elementen en de vruchtbaarheid van de gewassen voorstellen. We zien gekleurde maïs en een lange stengel, en de voedende zon en regenbrengende wolken.

Al sinds het begin der tijden werden eetbare zaden verzameld met een zeer hoge voedingswaarde; ze vormden overal een essentiële voedselbron, behalve in het Poolgebied. Vruchten en bessen zorgden voor energie en smaak, terwijl knollen en groene planten koolhydraten en vezels leverden. Sommige wilde planten vereisten echter ingewikkelde verwerkingsmethoden: de Pomo-indianen in Californië wisten bijvoorbeeld meel te maken van eikels, maar pas nadat ze een systeem van stromend water hadden bedacht dat de hoge concentratie looizuur uit de noten wist te halen. In het gebied rond de Grote Meren, waar wilde rijst in overvloed aanwezig was, voeren de mensen in hun kano's naar de gewassen om de rijstkorrels in hun boten te kloppen. Terug aan land roosterden ze de rijst in speciale kuilen, waarna ze speciale mocassins aantrokken om de vliezen van de korrels te stampen.

Rond 700 v.Chr. waren autochtone Noord-Amerikanen in verschillende gebieden begonnen met het cultiveren van planten als de zonnebloem, amarant en moerasvlier. Pompoenen en kalebassen waren overvloedig aanwezig in het Noordoosten en werden al vroeg gecultiveerd. Het belangrijkste gewas was maïs (zie bladzijde 110-111), rond 6000 v.Chr. veredeld in Midden-Amerika en tegen het jaar 1000 gecultiveerd in delen van Zuid-Canada. Ook bonen stamden uit Midden-Amerika en het Zuidwesten. Maïs, bonen en pompoenen werden zo belangrijk dat ze werden omgedoopt tot de 'Drie Gezusters' en daar waar ze overvloedig aanwezig waren, bloeide de bevolking op.

Bij sommige stammen zorgde het cultiveren van gewassen voor een verschuiving van de economische en sociale controle naar vrouwen. De Irokezen geloofden dat gewassen niet zouden groeien zonder vrouwelijke tussenkomst en dit voorzag hun vrouwvolk van een behoorlijke macht. Het ceremoniële leven werd beheerst door drie gemeenschappen. De Zusters van het Levensonderhoud voerden de plantceremoniën uit, de Zusters van de drie Levensbehouders zorgden voor de ceremoniën die de plantengroei moesten ondersteunen, en de leden van de Vrouwelijke Plantergemeenschap voerden tijdens de oogst de Groene Maïsceremonie uit. De matriarchale lijn, *ohwachira* genaamd, beheerste de gemeenschappelijke eigendommen, de langhuizen, velden, gereedschappen en het opgeslagen voedsel. De erfenis van alles, ook zaden, ging via de *ohwachira*.

Planten werden ook gebruikt als geneesmiddel (zie bladzijde 116) en bij ceremoniën. In de woestijnen van het Zuidwesten verzamelden de Maricopa- en Tohono O'odhamindianen eetbare vruchten van de kandelaar- of de vijgcactus. De Tohono O'odham markeerden het begin van het regenseizoen met een ceremoniële drank gemaakt van dit fruit. In veel gebieden gebruikte men wilde en gecultiveerde tabak, die als kalmerend werd beschouwd, bij rituelen. Hij werd meestal in pijpen gerookt.

Van de bladeren en vezels van de planten werden ook netten en manden gemaakt. Yucca's werden gebruikt als zeep en de sterke vezels konden van de bladeren worden afgetrokken. Bladeren van de kattenstaart (Typha) werden verwerkt tot manden en geweven sandalen. In het Grote Merengebied werd schors van berken en andere bomen gebruikt voor manden en kanobekleding.

RECHTS Nez Percévrouwen uit het Plateaugebied speelden een belangrijke rol in het tribale leven als verzamelaars van wilde planten en klein wild. Terwijl ze werkten, droegen ze hun baby's op een soort plant (rechts) op hun rug. De florale en plantmotieven die deze plank sieren, verwijzen naar de verering van de kunstenaar voor de natuur. De draagplanken werden meestal door vrouwen gemaakt en aan vrouwelijke familieleden geschonken.

HET GODDELIJKE GESCHENK

Voor veel indianen is maïs het belangrijkste gewas. Het verbindt de mens met de goden en deze goddelijke verbinding wordt vooral in de kunst van het Zuidwesten getoond (boven). Verhalen vertellen hoe de maïsoogst werd geschonken door figuren die vaak Maïsmaagd of zo werden genoemd. De mensheid betaalt dit terug door als dank seizoensrituelen uit te voeren. Dit levengevende geschenk is gecultiveerd tot honderden kleurige variaties (zie bladzijde 110), maar zelfs in de gunstigste omgevingen is een goede oogst afhankelijk van goed weer en deze weersomstandigheden moeten worden opgeroepen door gebeden. Men denkt dat de gebeden door wezens als de vlinder (links en rechts) naar de goden worden gebracht.

RITUEEL EN SACRAMENT

LINKS Een gemaskerde *ga'an*-danser van de Apachen. Deze zeer opvallend uitgeruste mannelijke dansers roepen de *ga'an*, berggeesten, aan in de hoop dat zij voorspoed zullen brengen en ziekten en kwaad zullen afweren. Vier dansers vertegenwoordigen de vier windrichtingen; hun lichamen zijn geschilderd in zwart en wit en hun gezichten gaan schuil achter maskers.

RECHTS Deze dansarmbanden van de inuit worden gedragen door mannelijke deelnemers aan sacrale ceremoniën.

In harmonie leven met alles wat de schepper heeft gemaakt, vereist continue observatie. Mensen die oprecht respectvol zijn, veranderen dat wat ze geleerd hebben in een 'medicijn' dat sacrale macht bezit. Dit 'medicijn' kan iets simpels zijn als een kiezelsteen die een persoonlijke geluksbrenger is geworden, maar kan ook zo complex zijn als de kennis van de sterren die in de loop van een leven vergaard is en die de heilige persoon onthult wanneer het de juiste tijd is om vernieuwingsrituelen uit te voeren. Iedereen zou zich bezig moeten houden met de manier waarop de wereld werkt, zodat we weten wanneer we de juiste rituelen moeten uitvoeren en hoe we beledigingen kunnen voorkomen. Zo blijft de orde in de wereld behouden.

SACRALE MACHT

Mensen kunnen niet weten hoe sacrale macht, 'medicijn', echt werkt, maar bijna elk individu in de traditionele Noord-Amerikaanse culturen weet iets van zijn werking. Hij wordt vaak gezien als een kracht die vloeibaar, overdraagbaar en, zeer belangrijk, buigbaar is. Sacrale macht kan gemanipuleerd worden door degenen die hem bezitten – ten goede en ten kwade. Iedereen kan in bepaalde mate macht bezitten en gebruiken. Een gewone sterveling kan hem verkrijgen via een droom of visioen; hij of zij kan een object vinden of krijgen dat medicijn bevat. Sommige indianen krijgen macht bij de geboorte door een bepaalde fysieke eigenschap die wordt gezien als geschenk van de geesten.

Sjamanen, of heilige personen, worden gezien als figuren die een sterke band hebben met de geestenwereld. Veel rituelen zijn bedoeld om sacrale macht over een persoon af te roepen en om hem of haar in staat te stellen deze te gebruiken. Soms zijn ze zelfs bedoeld om ervoor te zorgen dat hij of zij deze macht niet krijgt, aangezien niet iedereen blij is met de verantwoordelijkheid en het gevaar die bij deze macht horen. Sommigen zoeken de macht door middel van vasten of zelfkastijding. Eenzaamheid en pijn zouden leiden tot meer direct contact met de macht en daarom leven veel heilige mensen apart van hun gemeenschap.

Iemand die sacrale macht bezit, moet leren hoe die te gebruiken en beheersen. Dit gebeurt vaak met de hulp van een oudere sjamaan wiens langere ervaring van nut kan zijn bij het interpreteren van spirituele boodschappen. Heilige mensen wenden hun vermogens meestal aan om mensen te helpen, bijvoorbeeld als helers (zie bladzijde 116), om wild te lokaliseren of om voor weersomstandigheden te zorgen die de groei van de gewassen bevorderen. En heel soms gebruiken

LINKS Deze houten figuur met een opening in de borst werd gebruikt door een lid van de sacrale gemeenschap van de Ojibwaj Midewiwin uit Leech Lake, Minnesota. De borstholten van dergelijke, door geesten bezielde poppen bevatten meestal geluksbrengers van een sjamaan.

BOVEN Sunset Crater in Arizona is een niet-actieve vulkaan die heilig is voor de Hopi-indianen. Zij geloven dat de windgod Yaponcha vlak bij de rand van de krater woont. Als de wind in maart heel sterk is, brengen de stamhoofden en sjamanen van de Hopi gebedsoffers aan Yaponcha.

sjamanen hun vermogens om mensen kwaad te doen door ziekten over hen af te roepen of te zorgen voor weersomstandigheden die de oogst laten mislukken.

Om hun macht te kunnen aanwenden, moeten heilige mensen eerst contact maken met de geestenwereld. Sommigen bereiken dit door te zingen, te dansen of door lichamelijke ontberingen. Anderen, zoals de heilige mannen van de Yaqui-indianen, nemen bedwelmende middelen als doornappel en veranderen in een dierengeest. Nadat hij de macht heeft ontvangen, moet een sjamaan van de Washo-indianen naar een erkende beoefenaar gaan. Van hem moet hij buikspreken, goochelarij en andere vaardigheden leren die nodig zijn voor het 'praktische' gedeelte van de rituelen die hij geacht wordt uit te voeren voor zijn volk.

GENEZING

De belangrijkste taak van indiaanse heilige mensen is het genezen van ziekten. Bijna alle volken maken een onderscheid tussen alledaagse kwalen als hoofd- en keelpijn en ernstige ziekten, die veroorzaakt zouden zijn door het schenden van belangrijke taboes of duistere machten als heksen. Voor behandeling van serieuze kwalen zijn bijna altijd specialisten nodig die begrijpen dat welzijn ontstaat door evenwicht in alle aspecten van iemands leven en dat zowel de oorzaken als de genezingen van ziekten afkomstig zijn uit de sacrale sfeer.

BOVEN Een Navajo-*hatali*, genezer, naast een zandschildering die gemaakt is als onderdeel van een van de complexe Chant Wayhelings-ceremoniën, die wel negen dagen kan duren. De ceremonie zorgt ervoor dat de geesten de schilderingen als hun thuis beschouwen, en als ze gunstig gestemd zijn, zullen ze de patiënt weer gezond maken.

Wanneer iemand ziek werd, probeerde de genezer de oorzaak te achterhalen en de ziekte te genezen. Er zijn vele vormen van heling. Ceremoniën om goden aan te roepen, waarbij een genezer de geesten vraagt om de oorzaak van een probleem te onthullen, zijn vaak een eerste stap in het medicinale proces. Andere genezers zijn erbij betrokken om de daadwerkelijke genezing te bewerkstelligen. Sommige heilige mensen zijn in staat vervloekingen van heksen ten goede te keren of geesten uit te drijven. Dergelijke genezers zijn vaak begenadigde psychologen en velen zijn ook bekwaam in goochelarij en andere belangrijke 'menselijke vaardigheden' die vergelijkbaar zijn met het optreden van een westerse arts.

Kruidengeneeskunde speelt een belangrijke rol bij genezingen. Hoewel veel autochtonen planten kennen die kleine problemen kunnen verlichten, is het niet eenvoudig om te leren welke van de vele planten een ziekte kan genezen. De Lenape zoeken specialisten onder de mensen die affiniteit hebben met de plantenwereld, terwijl de Ojibwaj mannen en vrouwen zoeken die kunnen communiceren met planten; deze personen worden leden van de Grote Medicijngemeenschap, of Midewiwin.

RECHTS Deze Tlingitzielenvanger is gemaakt van een holle buis. Hij is gedecoreerd met figuren van wilde dieren die zijn bezield met geestkracht en is ingelegd met zeeoorschelpen. Zielenvangers waren een van de belangrijkste objecten van een genezende sjamaan van de Noordwestkust. De buis kon op het pijnlijke lichaamsdeel worden geplaatst om de kwade geest eraan te onttrekken of kon gebruikt worden om de ziekte mee weg te blazen.

EEN VISIOEN ZOEKEN

Autochtonen zoeken soms sturing van de geesten in de vorm van visioenen, die gewoonlijk plaatsvinden tijdens een veranderde bewustzijnstoestand. Deze conditie kan ontstaan als gevolg van een ziekte met hoge koorts en bewustzijnsverlies of kan worden opgewekt. Iemand kan een visioen opwekken door zich te onthouden van voedsel, water of slaap, door zelfkastijding, door inname van hallucinogenen of door dansen, zingen, trommelen of andere vorm van repetitieve zelfhypnose.

Een persoon die een visioen heeft terwijl hij wakker of in trance is, kan de machtige geest meestal zien of met hem praten. Soms verschijnt deze geest in concrete vorm als een dier of voorouder, maar meestal is hij een wazige 'aanwezigheid'. Visioenen kunnen gebeurtenissen uit het verleden, het heden en de toekomst onthullen, maar ze kunnen meestal niet geïnterpreteerd worden zonder de hulp van een goedgeïnformeerde oudere of sjamaan.

Een visioen wordt niet altijd als een zegen ervaren; sommige indianen proberen visioenen te ontkennen of te negeren omdat ze vaak een reactie vereisen die een persoon niet bereid is te geven. Visioenzoektochten blijven echter een belangrijk onderdeel van de religieuze praktijk van de meeste autochtone Noord-Amerikanen tijdens hun zoektocht naar de bovennatuurlijke krachten om hen heen. Iemand kan tijdens zijn of haar leven verschillende visioenzoektochten ondernemen. Meestal wordt de eerste tocht ondernomen als een kind de puberteit nadert, terwijl de laatste tocht nog op hoge leeftijd kan worden ondernomen.

Visioenzoektochten vereisen voorbereiding, wat meestal betekent dat iemand zich ritueel en lichamelijk moet reinigen. Dit wordt bereikt door te vasten en een zuiverend zweetbad te nemen. Bij de Lakota-indianen worden solitaire visioenzoektochten vaak georganiseerd op het hoogste punt van hun grondgebied. Een klein stukje uitverkoren grond wordt met stenen gemarkeerd en bedekt met salie of huiden, ver-

LINKS Deze handtrommel van de Assiniboine-indianen van de Laagvlakte is beschilderd met een soort visioenfiguur die tijdens een hallucinatie tevoorschijn kan komen. Een dergelijke hallucinatie kan worden opgewekt door fysieke zwakheid en een gedeeltelijk delirium als gevolg van vasten.

gezeld van offers als buidels tabak of repen stof die de sacrale kleuren representeren (zie afbeelding bladzijde 26). Bij goed en slecht weer, overdag en 's nachts, vasten en bidden de 'zoekers' net zolang tot een visioen komt of de geest hen bezoekt in de vorm van een dier. Meestal zijn visioenzoektochten mannenaangelegenheden, maar ook vrouwen kunnen zich 'macht dromen'. In hun visioenen kunnen vrouwen planten of geluksbrengers krijgen die gebruikt kunnen worden voor genezingen of de bereiding van voedsel.

VERANDERING EN DANS

Niet-indianen zien de wereld van de autochtone Noord-Amerikanen vaak als tijdloos en onveranderlijk, maar het tegendeel is waar. Het indiaanse concept van tijd als cyclisch in plaats van lineair (zie bladzijde 92-93) betekent dat zowel tijd als leven vernieuwbaar is. Beide bestaan dus niet uit een stroom van gebeurtenissen die onmiddellijk worden verbannen naar het verleden. De belangrijkste elementen van verandering en regeneratie worden uitgedrukt in ontelbare autochtone vertellingen, van collectieve vernieuwingsceremoniën tot individuele overgangsrituelen.

In autochtone Noord-Amerikaanse culturen is verandering een element van veel rituele dansen. Voor de Kwakiutlindianen van de Noordwestkust werd verandering zelfs ingebouwd in de maskers die de dansers droegen (zie bladzijde 64-65). De maskers werden aan de buitenkant beschilderd met een clantotem of een belangrijke figuur uit een verhaal. In de loop van de dans trok de danser dan aan touwtjes om het masker te openen en een andere figuur te onthullen, waardoor hij letterlijk transformeerde zoals een bedrieger of held dat kon (zie bladzijde 76). In sommige powwowdansen lijken de traditionele dansers aanvankelijk op mannen, maar veranderen dan in prairiekippen of andere dieren. Een hoepeldanser kan een adelaar worden, maar de franjes van zijn kleding kunnen hem ook veranderen in het gras waarop hij danst.

Nergens is verandering duidelijker aanwezig dan in de cyclus van het menselijke leven. Bij de Cheyenne kiest een vertrouwde oudere, heilige persoon of grootouder zorgvuldig een naam voor een pasgeborene, vaak een die verbonden is met een gedenkwaardige gebeurtenis of een droom. Maar de jeugd brengt vele veranderingen in uiterlijk, karakter en daden, en het kan dan ook gebeuren dat een kind een andere naam krijgt als hij opgroeit. Hoewel vrouwen in de meeste stammen hun hele leven dezelfde naam houden, krijgen Cheyenne- en Blackfootmannen pas een definitieve naam als ze volwassen worden. Een jonge krijger die een vijand achter zijn oor heeft

RECHTS Een lid van de Choctaw danst tijdens een powwow in Phoenix, Arizona. Zijn dansuitrusting bevat een mengeling van elementen uit de Laagvlakte en het Noordoosten. Dergelijke regionale combinaties komen vandaag de dag veel voor. Ze zeggen iets over de culturele veranderingen die in het verleden hebben plaatsgevonden als gevolg van de gedwongen verhuizingen en, meer recentelijk, de intertribale powwows die deel uitmaken van de huidige pan-indiaanse culturele renaissance.

gedood, kan de nieuwe naam 'Achter het oor' krijgen. Iemand die in een droom met de zonnegod heeft gesproken, kan 'Hij die de zon haalt' worden.

Aardevernieuwingsrituelen vieren de voltooiing van een cyclus en zijn meestal gebaseerd op de seizoenen. Voor de stammen van de Laagvlakte is de zomerzonnewende de belangrijkste tijd van vernieuwing en de Zonnedans speelt een belangrijke rol in deze vieringen. Bij andere stammen zijn eerstevoedselceremoniën zeer belangrijk omdat ze de vruchtbaarheid eren en de vernieuwing markeren van een levensonderhoudcyclus. Zo voerden de Tsimshian jaarlijks een ceremonie uit om het verschijnen van de eerste zalm van het jaar te eren. De oudste heilige mensen gingen naar de rivier om de vissen te begroeten. Ze spreidden een mat van cederschors uit op de grond, legden er wat verse zalm op en droegen deze naar het huis van het stamhoofd. Een heilige man verkleed als visser leidde de processie, zwaaiend met een adelaarsveer in zijn rechter- en een ratel in zijn linkerhand. Uitverkoren dorpelingen woonden de rest van de ceremonie bij. Een heilige persoon liep vier keer rond de vangst voor hij de vis ceremonieel bereidde. Hij maakte elke zalm schoon met een mes van mosselschelpen (het gebruik van metaal of steen zou een zware storm brengen). De vissen werden met zoveel respect behandeld omdat het getoonde respect de toekomstige terugkeer van de zalm zou garanderen.

LINKS Een kleurig uitgedoste Zunidanser in Albuquerque, New Mexico. De Zuni-indianen hebben een rijk ceremonieel leven dat soms publiekelijk maar doorgaans privé wordt uitgevoerd.

Overgangsriten markeren belangrijke fasen in de levenscyclus of veranderingen in sociale status, zoals het lid worden van een sacrale gemeenschap. Dit zijn momenten van fysieke overgang en daardoor van spiritueel gevaar. Overgangsriten bestaan uit drie segmenten: afscheiding van mensen die zich in dezelfde fase bevinden, een periode van niet-zijn als de persoon zich tussen twee fasen in bevindt, en opname in de nieuwe groep. Deze laatste fase kan een test van uithoudingsvermogen bevatten.

Riten kunnen heel eenvoudig zijn, zoals het prikken van gaatjes in de oren van een Cheyennekind om aan te geven dat hij of zij kan gehoorzamen en leren. Ze kunnen ook dramatischer zijn, zoals de riten die meestal gepaard gaan met de overgang naar de puberteit. Adolescente mannen kunnen afgescheiden worden van hun leeftijdgenoten en een bepaalde tijd naar het bos gestuurd worden om voor zichzelf te zorgen, ofwel om hun mannelijkheid te tonen of om een visioen te zoeken. Vrouwelijke riten vinden plaats bij de eerste menstruatie; ze bevatten veel vieringen en zitten vol met vruchtbaarheidssymbolen. Voor het ritueel van de opkomende zon beginnen de Apachen zes maanden voor het daadwerkelijke ritueel al met trainen (zie bladzijde 124-125).

De Pomo-indianen uit Noord-Californië voerden ceremoniën uit die de viering begeleidden van de eerste vruchten, de initiatie van jongeren, dood en wedergeboorte, en wereldvernieuwing. Deze vieringen werden Kuksu genoemd, naar de geest die zowel cultuurheld als Eerste Man van de Pomo was. De festiviteiten werden geleid door leden van vier geheime gemeenschappen – Geest, Hesi, Aki en Kuksu – die een uitgebreide uitrusting droegen die de geesten en heilige dieren imiteerden.

ONDER Deze rituele oorornamenten van de Pomo-indianen werden gebruikt wanneer jongens man worden, een van de functies van de Pomo-Kuksucultus.

VAN MAAGD TOT VERANDERENDE VROUW

In de meeste culturen vinden we individuele en gemeenschapsceremoniën om de mijlpalen in iemands leven te vieren. In het zuidwesten van de Verenigde Staten wordt het culturele leven van de N'dee of Westerse Apachen verrijkt door een reeks sacrale rituelen. Het bekendste is wellicht de vrouwelijke puberteitsrite, Naihes of Dans van de opkomende zon.

Het is een zwaar ritueel dat vier dagen duurt en waarbij de deelnemers de oorsprongsmythe van de Apachen over Veranderende Vrouw uitbeelden. Deze vrouw is ook bekend als Witgeverfde Vrouw; zij schonk het leven aan de cultuurhelden van de stam, de tweeling Doder van Monsters (die de zon als vader had) en Geboren uit Oude Waterman (die Oude Waterman als vader had).

Gedurende deze periode maakt het meisje het kostuum dat ze zal dragen om zichzelf te veranderen in Veranderende Vrouw. Het meisje bouwt een hut en bereidt zich voor op de taak die voor haar ligt. Haar familie brengt voedsel en geschenken bijeen om weg te geven aan de mensen die deelnemen aan de ceremonie. Tijdens het ritueel zelf wordt het meisje begeleid door haar leermeester en een diiyin, een heilige man. Ze danst uren lang, elke dag langer en moet in de vier windrichtingen rennen om de vier fasen van het leven te markeren. Haar leermeester kneedt haar tot Veranderende Vrouw door haar lichaam te masseren. Ze is beschilderd met geheiligd maïsmeel dat ze gedurende de hele ceremonie draagt en niet mag afwassen. Op de laatste dag zegent ze haar volk met stuifmeel en voorziet de stamleden die dat willen van genezing en persoonlijke zegeningen.

DE STATUS VAN KRIJGERS

Autochtone Amerikanen worden vaak gestereotypeerd als krijgers, maar velen van hen waren dat niet. Ondanks de talloze verhalen over veroveringsoorlogen met grote aantallen doden, waren deze eigenlijk vrij zeldzaam. Hoewel territoriale twisten wel degelijk konden leiden tot geweld en er tussen sommige stammen nog steeds een eeuwenoude rivaliteit bestaat, was plundering de meest gebruikelijke vorm van agressie. Plundertochten werden soms uitgevoerd om de vrouwen van een andere stam gevangen te nemen. Soms werden deze expedities eenvoudigweg georganiseerd vanwege de eer en glorie die ermee gepaard gingen en het mogelijke prestige voor de deelnemers. Die kon worden verkregen door 'coups te tellen' op de vijand. Dit was een handeling van extreme heldenmoed waarbij een krijger zo dicht bij de vijand kwam dat hij hem kon aanraken met zijn hand of korte coupstok (zie afbeelding links). De conflicten die ontstonden na het Contact met de kolonisten bracht echter een nieuw soort oorlogvoering met zich mee waarbij het ging om overwinning in plaats van eer. Toen de kolonisten de autochtone gebied binnendrongen, werden stammen teruggedrongen naar het gebied van hun buren en ontstonden steeds meer intertribale conflicten en stierven steeds meer mensen.

Paarden (zie bladzijde 68-69) werden een middel om mee te vechten en ook een reden om oorlog te voeren. Omdat ze een bron van rijkdom werden en ook erg praktisch waren, ontwikkelden zich de paardenplundertochten. Sommige stammen bereikten een legendarische reputatie als ruiters. Eind negentiende eeuw beschouwde het Amerikaanse leger de Cheyenne als de beste lichte cavalerie ter wereld.

LINKS Een negentiende eeuwse, met kralen bewerkte coupstok van de Blackfootindianen. Coupstokken werden gebruikt om de vijand tijdens een gevecht aan te raken en de meeste stokken waren vrij eenvoudig. Tegen de twintigste eeuw werden ze steeds meer bewerkt en waren ze onderdeel geworden van de powwow-uitrusting. De hedendaagse versies heten dansstokken.

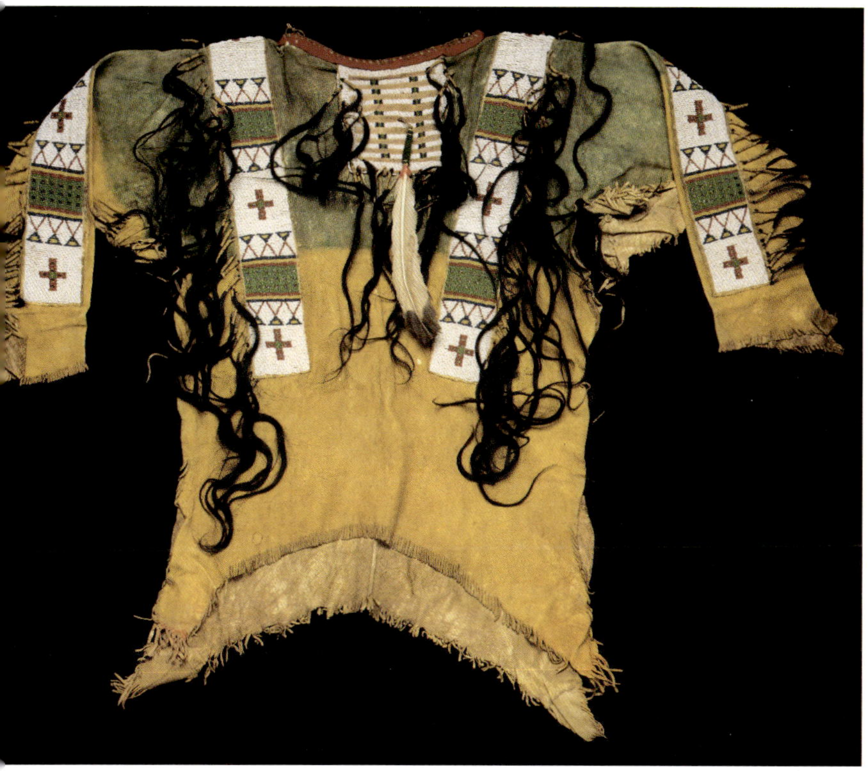

LINKS **Een oorlogshemd van een indiaan van de Laagvlakte dat bedoeld was voor ceremoniën in plaats van voor oorlogvoering. Dergelijke hemden, met panelen van kralen of met in elkaar gevlochten stekels op de armen en schouders, werden geassocieerd met volwassenen die de status van krijger combineerden met de rol van diplomaat – krijgers die bij de Lakota-indianen bekend zijn als 'leiders van een volk'.**

In sommige autochtone culturen bereikten indianen de status van krijger door de vele confrontaties met vijanden. Tijdens deze gevechten hadden zij zich dan heldhaftig gedragen of ze hadden ongebruikelijke en succesvolle tactieken toegepast. In andere culturen werden mannen geboren als krijger. De Mohave-indianen hadden de kwanamis, de 'dappere mannen', een speciale klasse van vechters die krijgsmacht verkregen door dromen die al in de baarmoeder zouden beginnen. Zij hoefden zich dan ook met niets anders dan oorlogvoering bezig te houden.

Maar krijgers voerden niet alleen oorlog op basis van krijgskundige vaardigheden, ze werden ook voorzien van spirituele kracht. Drie dagen voor een conflict zuiverden de Chickasawindianen zich door tot aan zonsondergang te vasten en daarna een zuiverend brouwsel van slangekruid te drinken. Bij veel stammen leidde de sjamaan de ceremoniën en keek uit naar slechte voortekenen. Hij ging soms mee op plundertocht om zijn bovennatuurlijke krachten aan te kunnen wenden tegen de vijand en soms om gewonden te verzorgen. Kleding en wapens konden gedecoreerd worden met een persoonlijke talisman voor bescherming of om succes in de strijd af te roepen (zie bladzijde 128-129). Na afloop zuiverden krijgers zich soms door zuiveringsrituelen te ondergaan.

VERSIERING VAN DE DAPPEREN

Oorlogskleding werd tot een minimum beperkt om de bewegingen niet te hinderen. De uitrusting bestond behalve uit wapens en een schild uit een lendendoek, een medicijnbundel en een of twee adelaarsveren. Ook het lichaam werd uitvoerig gedecoreerd, soms met permanente geometrische tatoeages, soms met tijdelijke felgekleurde, zeer persoonlijke schilderingen op gezicht en bovenlichaam. Deze decoraties zouden de krijger bovennatuurlijke krachten verlenen. Een wat uitgebreidere uitrusting voor ceremoniën kon bestaan uit een oorlogshemd met voorstellingen van gevechtshandelingen (boven) of met symbolen die duidden op het bezit van bovennatuurlijke krachten, zoals berenklauwen (links en rechts). Soms werd ook een tooi van adelaarsveren gedragen (zie bladzijde 129) als teken van een hoge status, misschien verdiend door heldenmoed te tonen tegen de vijand.

HELDENDADEN

Autochtone Noord-Amerikanen hebben duizenden jaren lang getekende verslagen bijgehouden van hun levens. De vroegste traditie wordt door wetenschappers 'ceremoniële kunst' genoemd, toegeschreven aan degenen die op visioenzoektocht gingen of aan sjamanen als onderdeel van een ritueel. In de latere 'biografische kunst' zien we verhalen van mensenlevens in actiescènes waarin we oorlogvoering en het contact met Europeanen en Amerikanen zien. Deze kunstvormen vormen de overgang van rotskunst naar Wintertellingen. Dit zijn huiden met daarop schilderingen van de belangrijkste gebeurtenissen in het jaar van een stam. Tijdens de reservatenperiode werd indiaanse oorlogskunstenaars papier verstrekt zodat zij hun eigen verhaal of dat van hun stam konden vastleggen.

Het was het voorrecht van de grote krijgers om bij het kampvuur te vertellen over hun prestaties in de strijd. Deze verhalen werden vaak vastgelegd in schilderingen. Het werk op katoen (rechts) is van Witte Vogel, een noordelijke Cheyenne-indiaan en lid van de militaire gemeenschap Dog Soldier. Het stelt een scène voor uit Custers laatste gevecht in 1876 bij de rivier de Little Bighorn.

Witte Vogel schildert hoefijzers om de beweging van de strijders te laten zien. Recent archeologisch onderzoek op de locatie heeft aangetoond dat de indiaanse veteranen met hun verhalen en tekeningen een realistische voorstelling hebben gegeven van dit beroemde gevecht. Custers nederlaag was geen heldhaftige laatste strijd, maar het typische uiteenvallen van een leger wanneer het oog in oog staat met het overweldigende en angstaanjagende einde.

REIS NAAR HET HIERNAMAALS

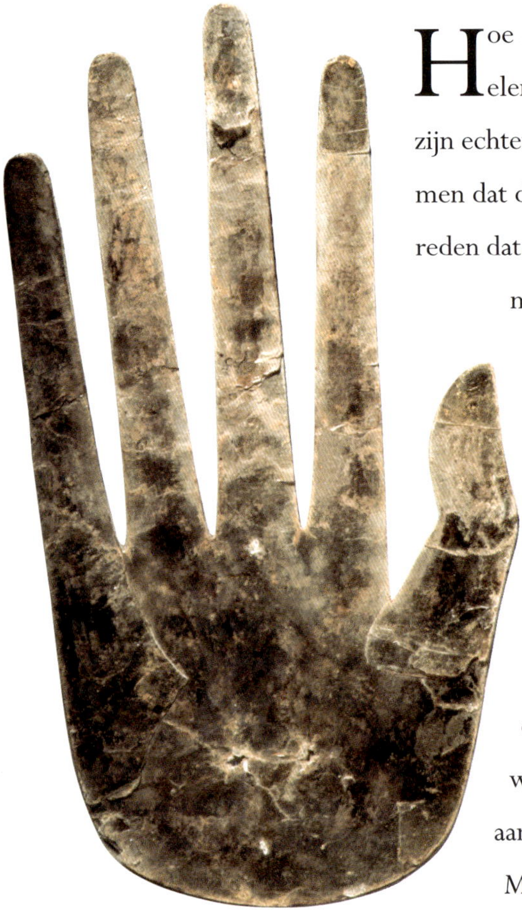

Hoe autochtone Noord-Amerikanen over de dood denken en hoe ze rituelen rondom het sterven toepassen, variëren van cultuur tot cultuur. Er zijn echter wel enkele gemeenschappelijke thema's. Zo dachten de meeste stammen dat de doden een gevaar betekenden voor de levenden; dit was dan ook de reden dat de overledenen met respect werden behandeld. Hoewel alle autochtone volken geloofden in het een of andere bestaansgebied na de dood, variëren de beschrijvingen van het hiernamaals enorm. Wat er met de ziel gebeurde na de dood was voor veel indiaanse stammen een zeer complexe aangelegenheid.

Wanneer iemand stierf liep de naaste familie van de overledene het meeste gevaar. Het gevolg is dat veel culturen de verantwoordelijkheid voor het weghalen, schoonmaken en het zich ontdoen van het lichaam neerlegden bij speciale gemeenschappen of groepen van de clan, die bestonden uit mensen die niet direct aan de overledene verwant waren. Zij waren ook verantwoordelijk voor het verwijderen van aardse goederen, als dat nodig was.

Menig stam deed veel moeite om de overledene niet door de reguliere ingang van de hut naar buiten te brengen, omdat men dacht dat de levenden al snel in zijn voetsporen zouden treden wanneer het lichaam via deze route de hut verliet. Soms werd het lichaam via het raam of rookgat naar buiten gebracht en soms werd een nieuw gat gemaakt, dat later weer werd dichtgemaakt, maar altijd werd ervoor gezorgd dat de overledene niet werd beledigd. Mensen die het lichaam naar buiten moesten brengen, zuiverden zich ritueel na zich van hun taak te hebben gekweten.

Men nam aan dat de doden aangetrokken werden tot de plaats waar ze tijdens hun leven hadden gewoond. De Mohave- en Yuma-indianen steken het huis van de overle-

LINKS De mensen die behoorden tot de cultuur van de Hopewell (ca. 300 v.Chr.-500 n.Chr.) plaatsten talloze geschenken in grafheuvels. Naast beeltenissen van mica, zoals deze hanger in de vorm van een hand, werden ornamenten van schelpen en rivierparels en objecten van koper, steen en been meegegeven aan de doden.

dene dan ook in brand om ervoor te zorgen dat de geest er niet naar kan terugkeren, terwijl de Navajo's de woning gewoon verlieten. Om dezelfde reden werden soms alle bezittingen van de overledene weggegeven of zelfs vernietigd.

Sommige stammen geloofden ooit dat het lichaam van het vlees ontdaan moest worden, zodat het zijn reis kon voortzetten. Vaak werd dit proces aan de natuur overgelaten, waarbij het lichaam op stellages of in bomen werd gelegd om te ontbinden. De botten liet men of op de grond liggen of verzamelde men om te begraven, vaak in heuvels (zie bladzijde 32-33).

RECHTS Een beschilderde schaal van de Mimbres-indianen uit een graf in het Zuidwesten. Het gat is er in gemaakt, zodat de geest erdoor kan ontsnappen

Zowel de stellages als de grafheuvels waren sacrale gebieden die door sommigen als gevaarlijk werden beschouwd. Bij de Lakota-indianen zijn wanagi ('dingen van de schaduw') geesten die graven bewaken en iedereen kwaad kunnen doen die de doden stoort. Andere volken zien de stoffelijke resten van hun doden juist als iets wat gekoesterd moet worden. De Koyukonindianen uit Alaska hebben kleine huizen waarin de overledenen worden neergelegd en waarin hun geesten nog een tijd wonen. Als de winter voorbij is, wordt het huis gerepareerd of geschilderd en wordt het lievelingseten van de overledene verbrand, zodat de rook de dode kan voeden.

Volken die hun naasten begraven, hebben vaak speciale rituelen. Zo plaatsen de Hopi-indianen de doden in een zittende houding met het gezicht naar het westen en omringd door grafgiften. Anderen geven de voorkeur aan crematie – de Luiseño-indianen uit Californië gebruikten vuur om de ziel naar de hemel te sturen.

De rituelen die gepaard gaan met de dood kunnen ook bestaan uit eenvoudige taboes op het gebruik van de naam van de dode. Veel stammen van de Centrale Laagvlakte snijden hun haar af en dragen het een jaar lang kort, snijden in hun armen of borst of dragen rouwkleding. Bij andere stammen worden toespraken gehouden voor de geest van de overledene en hem wordt gevraagd weg te blijven bij de levenden.

Ideeën over het hiernamaals zijn zeer verschillend, al is bij geen enkele stam sprake van de 'eeuwige jachtvelden'. De meerderheid van de stammen gelooft dat elk lichaam meer dan één ziel heeft en beweert dat dit wordt bewezen door dromen waarin een persoon zijn lichaam verlaat en over de wereld zwerft. Na de dood zou deze ziel naar de spirituele wereld kunnen reizen, terwijl een andere in het lichaam kan blijven tot de stoffelijke resten zijn verbrand of geheel ontbonden. Sommige Lenape-indianen geloven in drie zielen: een bloedziel (die verandert in een kleine bal en uit het zicht aanwezig blijft), een lichaamsziel (die zich uiteindelijk bij de Schepper voegt om voor eeuwig in het hiernamaals te blijven nadat hij door de twaalf kosmische lagen is getrokken) en een geest die over de aarde zwerft tot de persoon die hij eens was uit de herinnering van de levenden verdwenen is. De Quileute van de Noordwestkust geloven zelfs in vijf zielen. De meeste autochtone stammen zijn het erover eens dat het hiernamaals onbereikbaar is voor de levenden.

RECHTS De poort naar de First Nation Cemetary van de Nagmis (Nimpkish) in Alert Bay op Cormorant Island, West-Canada. Hier worden, zeer ongebruikelijk, de stoffelijke resten van verschillende stammen begraven. De begraafplaats is bekend om zijn totempalen, die vaak familietekens bezitten en herdenkingsmonumenten zijn voor overleden clanleden.

Algemeen denken de indianen dat het hiernamaals een rijk is waarin veel dingen functioneren op een manier die tegengesteld is aan die van de levende wereld. Rivieren stromen achteruit, mensen dansen met gekruiste voeten en de seizoenen lopen door elkaar. Bij stammen die in reïncarnatie geloven, is het hiernamaals slechts een korte tussenstop waar de ziel wacht op zijn terugkeer naar de aarde.

IN LOVING MEMORY
OF
JACK W. ALFRED. AGE. 9 YRS
BURIAL
NO TRESPASSING
BAND COUNCIL

AUTOCHTONE VOLKEN EN GEBIEDEN

De stamnamen van autochtone Noord-Amerikanen kunnen verwarrend zijn. Veel namen betekenen simpelweg 'het volk', 'de mensen'of 'het echte volk' – een etnocentrisch gemeenschapsbeeld dat leidde tot groepscohesie. Namen kunnen bepaalde machtsverhoudingen onthullen. Een naam kan algemeen gebruikt worden door westerse historici en andere kunnen onbekend zijn bij de autochtonen zelf. Sommige namen werden door anderen voor een stam gebruikt, maar kwamen niet overeen met de naam van de stam zelf. De Euro-Amerikaanse kolonisten gebruikten ook tal van namen die niet altijd werden gewaardeerd door 'het volk' zelf.

Omdat er honderden autochtone volken, en groepsverbanden zijn, was het nodig selectief te zijn en ons te concentreren op de stammen waarover het meeste wordt geschreven. In de lijst worden de stammen ondergebracht bij hun oorspronkelijke cultuurgebied van voor het Contact (zie kaart bladzijde 13). De eerste naam (**vetgedrukt**) is de meest gebruikelijke, maar wordt soms door andere gevolgd. Indien mogelijk wordt de getranscribeerde naam gegeven die door het volk zelf wordt gebruikt (aangegeven in *cursief*, of in ***vetgedrukt cursief*** wanneer het ook de meest gebruikte naam is). Wanneer er twijfel bestaat over de afkomst wordt de naam gevolgd door een vraagteken (?).

NOORDOOSTEN

Abenaki: Wabenaki, St. Franciscusindianen
Caddo: *Kadohadacho*, Natchitoches (een confederatie), *Hasinai, Adai, Eyish*
Cherokee: *Ani-yun-wiya*, Tciloki
Chickasaw
Chitimacha
Choctaw: Chahta, *Pafallaya* (?)
Cree: *Ininiw, Nehiyawak, Atheneuwuck, Sackaweéthinyoowuk*
Creek: Muskogee (maar bestaand uit meerdere stammen)
***Seminole*:** *Miccosukee, Oconee, Yamasee* (meerdere stammen)
Deleware: *Lenape*
Fox: *Meskwaki*, Mesquaki
Huron: *Wendat*, Wyandotte, Wyandot
Irokezen: *Kanonsionni*, Iroquois, *Haudensaunee* (een confederatie)
  Cayuga
  Mohawk: *Kaniengehawa*
  Oneida
  Onondaga
  Seneca: *Onotowaka*
Kickapoo: *Kiwegapaw* (?)
Menominee: *Manomini*
Micmac: *Souriquois* (?)
Ojibwaj: *Anishiabe*, Ojibwa, Ojibway, Chippewa, Mississauga, Slateaux
Sauk: Sac, *Oskaiwugi*
Shawnee: *Shawanwa*, Ouchaounanag, Chaouanons, Satanas, Shawano
Wampanoag (maar ook Pakonoket, Nauset, Sakonnet)
Winnebago: *Hochunga, Ho-Chunk,* Puants

CENTRALE LAAGVLAKTE

Arapaho: *Inuna-ina*
Arikara: Ree
Assiniboine: Stoney (in Canada), *U Sin, U Pwawa*
Blackfoot: *Pikuni* (Piegan), *Kainah* (Bloed), *Siksika* (echte Blackfoot), *Sakoyitapix* of *Nitsitapix* (allemaal)
Cheyenne: *Tse-tsehese-staeste*
Comanche: *Numinu*
Crow: *Absaroke*
Hidatsa: Gros Ventre, Minitari, Ree
Kiowa: *Ga-i-gwu, Ka-i-gwu*
Omaha: *Umon'hon*
Osage: *Ni-U-Kòn-Ska*
Pawnee : *Chahiksichaniks* (groepsverband bestaat uit *Panimaha* [Skidi], *Kitkehaki* [Republikeinen], *Chaui* [Grand], *Pitahauerat* [Tappage])
Sioux : *Dakota, Lakota, Nakota* (zij onderscheiden drie taalkundige groepen, maar er bestaan dertien onderverdelingen die tezamen *Oceti Sakowin* of Zeven Raadvuren heten)
Wichita: *Kitikitish*

POOLCIRKEL

Alutiiq: Aleut, *Sugpiaq*

Inglulik
Inuit
Baffinland-inuit: *Nunatsiaqmiut*
Kariboe-inuït: *Nunamiut*
Koper-inuït: *Netsilik*
Labrador-inuït of **Ungava:** *Inuit Kapaimuit*
Inupiat
Unangan: Aleut
Yupik of ***Yup'ik***

SUBARCTISCH GEBIED
Beverindianen: *Deneza, Dunne-za*
Carrier: *Takulli*
Chipewyan: *Dene*
Cree: *Ininiw,* Muskegon, *Woodland Cree*
Dogrib: *Thlingchadinne*
Hare: *Kawchottine*
Ingalik: Deg *Hian*, Koyukon
Kutchin of **Gwich'in**: *Dindjie*
Kaskapi/Montagnais: *Nenenot, Innu*
Slavey of **Slaaf-indianen:** *Dinèè, Etchareottine*
Tanaina of **Dena'ina**: *Knaiakhotana*

NOORDWESTKUST
Bella Coola: *Nuxalkmx*
Chinook
Haida
Kwakiutl: *Kwakwaka'wakw, Kwakwala*
Makah: *Kwe-net-che-chat*
Nootka: Nootkans (?)
Quileute
Tlingit
Salish: *Lummi* (Salish van de Centrale Kust), *Nisqually* (Salish van de Zuidkust), *Nooksak* (Salish van de Centrale Kust), *Puyallup* (Salish van de Zuidkust), *Quinault* (Salish van de Zuidwestkust), Comox of Catlo'ltx (Salish van de Noordkust), *Suquamish* (Salish van de Zuidkust) en andere groepen
Tsimshian (vier hoofdgroepen: Kust, Zuidelijk, Nishga, Gitksan)

PLATEAU
Coeur D'Alene: *Skitswish*
Flathead: Salish, *Sèlic*
Kalispel: Pend d'oreilles
Klamath: *Maklak*
Kootenai: *San'ka*
Modoc: *Maklak* (hetzelfde als Klamath, die hen Maotokni noemden)
Nex Percé: *Nimipu, Tsoop-Nit-Pa-Loo*
Spokane, Spokan : *Spoqèind*
Umatilla
Yakama of **Yakima:** *Waptailmim*

GROTE BEKKEN
Shoshone of **Shoshoni:** Wind River, Bannock (*Nomo*), Western (*Newe*), Gosiute
Ute: *Nunt'z*
Paiute: *Numa*
Washo: *Washiu*
Yuma: *Euqchan*, Quechan, Hokan

ZUIDWESTEN
Apachen of **Chiricahua:** *Ndee, Dinèè* (omvat Apachestammen of groepen bekend als Cibecue, Lipan, Jicarilla, Mescalero, White Mountain, San Carlos, Mibreño, noordelijke Tonto, zuidelijke Tonto)
Indiaanse stammen van Colorado
Havasupai: *Pai*
Hualapai: *Pai, Walapai*
Hopi: *HopituhShi-nu-mu*
Hopi-Tewa
Maricopa: Pee-Posh, *Pipatsje*
Mohave of **Mojave:** *Tzi-na-ma, Aha-makave*
Navajo's: *Dinèè, Dineh*
Pima: *Pi-nyi-match*, Akimel, O'odham
Pueblo's: Acoma, Cochití, Isleta, Jémez, Laguna, Nambe, Picurís, Pojoaque, San Felipe, San Ildefonso, San Juan, Sandia, Santa Ana, Santa Clara, Santo Domingo, Taos, Tesuque en Zía
Tohono O'odham: Papago
Yaqui: *Yoeme*
Yavapai: *Enyaé Pai*
Zuni: *Ashiwi*

CALIFORNIË
Cahuilla : *Iviatim*
Chumash : recente naam, Santa Barbara-indianen
Hoopa of **Hupa :** *Natinook-wa*
Karok of ***Karuk***
Maidu: *Konkow* (Noordwesten), *Nisenan* (Vallei)
Missie indianen: (verschillende groepen, zoals de Luiseño)
Miwok: Tuolumne Me-Wuk
Pomo
Shasta: *Konomihu, Okwanuchu*, New River Shasta
Yokut: *Tachi Yokut, Choinumni, Chukchansi, Wukchumni*
Yurok: Olekwo'l
Wintun: Wintu (Noorden), Nomlaki (Midden), Patwin (Zuiden)

VERDER LEZEN

Bancroft-Hunt, Norman, *Indianen van Noord-Amerika*, Alphen aan de Rijn 1993

Brown, Dee Alexander, *Begraaf mijn hart bij de bocht van de rivier: de ondergang van de indianen van Noord-Amerika*, Amsterdam 1992

Bruchac, Joseph, *Indiaanse legenden: verhalen van indianen uit Noord-Amerika*, Den Haag 1999

Couvée, Luc, *Hoe kun je lucht bezitten? Een indiaanse visie op het beheer van de aarde*, Utrecht 1980

Deloria Jr., Vine, *Indiaans manifest: het recht om indiaan te zijn*, Bussum 1974

Fleet, Cameron, *De bezielde wereld van de indianen: eeuwenoude wijsheid in het dagelijks leven*, Alphen aan de Rijn 2001

Gestel, Jan J. van, *Indianen: de oorspronkelijke bewoners van Noord-Amerika*, Amsterdam 1997

Henry, Bernard, *Eskimo's en indianen: de eerste Amerikanen*, Sint-Niklaas 1981

Heyink, J., *Van Beringstraat tot Wounded Knee: de Noord-Amerikaanse indianen in vogelvlucht*, Bennebroek 1982

Hovens, Pieter, *Anasazi-Pueblo: de cultuur van de Anasazi en de Pueblo-indianen,* Arnhem 1997

Jacquin, Phillippe, *De indianen van Noord-Amerika*, Houten 1990

Kaiser, Rudolf, *De stem van de Grote Geest: profetieën en eindtijdverwachtingen van de Hopi-indianen*, Deventer 1993

Lavine, Sigmun A., *Sport en spel bij de indianen*, Baarn 1976

Lemaire, Ton, *Terugkeer van een verdwijnend volk: indiaans en inuït activisme nu*, Nijmegen 1985

Londen, Selma Marina van, *Meesters van de lange nacht: ecologie en mythologie van de inuït*, Utrecht 1994

Nabokov, Peter, *Waarom neemt u met geweld wat u met liefde kunt krijgen? 500 jaar geschiedenis van indianenvolken*, Amsterdam 1994

Versluis, Arthur, *Oorspronkelijke bewoners van Amerika: hun geschiedenis en cultuur*, Harmelen 1997

Wally, Herbert, *Jagers van het hoge noorden: de Eskimo's*, Amsterdam 1983

Zimmerman, Larry J., *Indianen uit Noord-Amerika*, Kerkdriel 2002

REGISTER

Bladzijdeverwijzingen naar foto's zijn *cursief* gedrukt.

FOTOVERANTWOORDING

FOTOVERANTWOORDING

De uitgever wil graag de volgende mensen, musea en fotografische archieven bedanken voor het verlenen van toestemming hun materiaal te reproduceren. Met de grootste zorg is getracht alle copyrighthouders te vinden. Mochten we desondanks toch nog iemand vergeten zijn, dan bieden we onze excuses daarvoor aan en zullen we, wanneer we hierover geïnformeerd worden, bij toekomstige uitgaven een correctie doorvoeren.

Bridgeman Art Library, Londen/New York = BAL
Robert Harding Picture Library, Londen = RHPL
Werner Forman Archive, Londen = WFA

Bladzijde 1 Corbis/Gerald French; **2** Corbis/Chris Lisle; **6** RHPL; **7** WFA/Glenbow Museum, Calgary, Canada; **9** Corbis/Kevin Fleming; **10** Indiaanse petrogliefen bij Willow Springs, Tuba City, Arizona: Corbis/Tom Bean; **12** Corbis/Francis G. Meyer; **14** RHPL/Joe Cornish, Raleigh International; **15** RHPL/Walter Rawlings; **17** Corbis/Lindsay Hebberd; **18-19** Corbis/Gunter Marx; **21** John Running Photography, Arizona; **22** Corbis/Rob Rowan, Progressive Images; **23** Corbis/AINACO; **24** Corbis/CRD Photo; **25** Corbis/Stapleton Collection; **26** WFA/Field Museum of Natural History, Chicago; **36** WFA; **37** Corbis/Ron Watts; **38** *Tipi* bij volle maan in Colorado: Getty Images; **40** Corbis/Tom Bean; **43** Corbis/The Seattle Museum of Art, Washington; **44-45** Corbis/CRD Photo; **46** Art Archive/Chateau de Blerancourt/Dagli Orti; **49** Courtney Milne, Arizona, USA; **50** Corbis/Tim Thompson; **53** Corbis/Richard A. Cooke; **54** Inuït-cairn of Stacked Rocks, Baffin Island, Noordwestterritorium, Canada: Corbis/Galen Rowell; **56** Corbis/David Muench; **57** WFA/Private Collection; **58-59** Getty Images; **60** Corbis/Catherine Karnow; **61** WFA/Robinson Museum, Pierre, South Dakota; **62** WFA/Alaska Gallery of Eskimo Art; **63** DBP Archive; **66** WFA/The Smithsonian Institution, Washington, DC; **67** Art Archive, Londen; **68-69** Corbis/Brian Vikander; **71** RHPL/Walter Rawlings; **73** Provincial Museum of Alberta, Edmonton, Canada (H65.84.1a-c, 2a); **74** Corbis/Jeff Vanuga; **77** McMichael Canadian Art Museum, Ontario; **80** Getty Images; **83** Corbis/Nathan Benn; **84-85** Getty Images; **86** Corbis/Craig Aurness; **87** Corbis/Danny Lehman; **88** Corbis/Arne Hodalic; **89** Corbis/Christie's Images; **91** WFA/Field Museum of Natural History, Chicago; **92-93** RHPL/Walter Rawlings; **94** Chumash rotsschilderingen, San Emigdiano Canyon, Californië: Corbis/David Muench; **97** Corbis/George H.H. Huey; **98** WFA/Museum für Volkerkunde, Berlijn; **99** Corbis/Christie's Images; **100-101** RHPL; **102** National Museum of the American Indian, New York City; **105** WFA/Plains Indians Museum, Buffalo Bill Historical Center, Cody, Wyoming; **106-107** Corbis/Layne Kennedy; **108** Corbis/Tom Bean; **109** RHPL/Walter Rawlings; **110** Indiaanse maïs: Corbis/Steven Terrill; **112** Corbis/Kevin Fleming; **113** Corbis/Arne Hodalic; **117** Corbis/Seattle Art Museum; **119** WFA; **121** Corbis/Buddy Mays; **122** Corbis/Danny Lehman; **123** WFA/Field Museum of Natural History, Chicago; **124-125** Steve Trimble Photography; **126** WFA/British Museum; **127** Corbis/Christie's Images; **129** John Bigelow Taylor, New York City; **130-131** RHPL/Walter Rawlings; **132** Corbis/Richard A. Cooke; **133** WFA/Maxwell Museum of Anthropology, Alberquerque, New Mexico; **135** Corbis/George D. Lepp